JN082356

すっくと立とう　我が友よ

香山芳久 著述集

教友社

目次

Ⅰ. 学校はみんなで創る（一九五一―一九七五）　7

Ⅱ. 心の未知の部分に種を蒔く（一九七六―二〇〇二）　53

凡　例

・本書は、I.　学校はみんなで創る（1951-1975）、II. 心の未知の部分に種を蒔く（1976-2002）、III. 慰めと癒やし（1993-2019）、IV.　我が友よ、の4章を掲載し、内容は、I. 普通部教育、II. 普通部部長と慶應義塾大学学生相談室、および学外のカウンセリングとカトリック禅仏教研究「神冥会」の活動、III. カリタス女子短期大学学長としての活動、IV. 総括・展望、に該当する著述を収録した。著述の掲載は経年順に則していない。
・著述は、香山家と慶應義塾普通部資料室の所蔵資料にもとづく。出典の記載・成立は、普通部資料室所蔵以外では資料の来歴による推定を含む。
・聖書の引用は『聖書・新共同訳』1987年、による。
・歴史／人名事項は、『目路はるか・慶應義塾普通部百年誌』（1998年）、『慶應義塾史事典』（2008年）を参照した。
・文章表記・表現は、一部を現代の仮名遣いなどにあらためた。
・本書中の［…］および注記＊は、編集上の挿入である。

I.

学校はみんなで創る

1951 — 1975

空や風のにおい

原始人の頭上にはつねに空がありましたし、原始人の生活の中にはどんな時でも四季の風が吹き抜けていました。いま私達の頭の上にはコンクリートの壁や天井があり、空は窓の外はるか遠くにしかありません。風はガラス越しに見える風景の間をだけ通りすぎて、私達の肌にそのにおいを残してはくれません。私達の毎日は群をなした人間の中でただすりへっていってしまいます。朝起きてから夜一人になるまで人間たちの作った大きな組織や建築物や騒音の中で、なんの不思議さを感じることもなく生きているのです。夜一人になった時でさえ、人の作った本を読み、人の作った新聞を見ます。

確かに私達はそうしなければ生きてはいけないのですが、一度気がついてみれば、これはまた奇妙なことではないでしょうか。私達の五感に触れるもので、人間臭さのあるもの、自然のようなものがなくなりつつあります。都会の中心に立って目まぐるしい人間の流れを見るとき、私達は考えたり見たりしながら一体それ等のことが自分とどうつながっているかについて、一度振りかえって眺める時がなければならないと私は思います。

私は、よく普通部の屋上に立って空の深さを測ったり、夕焼けの色を私の体の中に流し込んでみたりすることがあります。そのときに私は、めったにない生きていることの不思議な喜びを体で感じとることができます。君達が子供の世界を抜け出て大人の世界に入っていくとき、たまには忙しい毎日から抜け出して野原に立って空だの、風だの、草だの、水だの、においをかぎわけてみて下さい。学校とはどちらかと言えば人間が言葉でつながった場所でした。人間臭さの大変ある場所でした。その中ではやはり人間は分らないことが多いようです。

一度そっとそこから抜けだして、黒い土の上に裸足で出て、一人で空や風やその他自然の声を肌でじかに感じてみて下さい。それがきっといのちというものをとらえる小さな手掛りになることでしょうから。

〔手稿　一九六〇年頃〕

疑うということ

人が大人になるときに、一つの峠を越えて未知の国に入っていくときに、一つのことに気づきます。子供のとき、少年のときに教えられ続けたいろいろの事柄がいったい本当のことなのだろうか、ある朝、目覚めてしまったら、どれもこれもすべて嘘になってしまっていることはないのだろうか。自分自身でさえ、そこに確かには、いなくなるのではないだろうか。そんな一見無意味な恐ろしさを知ったとき、はじめて人は大人になったと言えます。大学を出ても、もっとずっと上の年齢になってもそれに気づかない人もありますが、その人たちはただの常識の上だけで生きているにすぎません。知識も道徳も芸術もそれが確かなものと信じている間は、それが変化し創造されていくものであることを少しも知っていないことになります。

それ等は歴史の中に、私たちの血液の中に生き流れているものではありますが、それが作られた時は数多くの先祖たちが血を流し、生命をちぢめて創造したものであったことを忘れることはできません。そしてそれらは、ただの常識から決して生まれることはなかったのです。過去の遺産をこなごなに砕いて灰色に沈んだ廃墟の中をさまよって、全く新しく生きている自分のための城を作らなければならなかったのです。

これのきっかけを作るのが懐疑ということです。しかし注意しなければならないのは、いたずらに疑い、いたずらに軽蔑することは、常識をただ信じ込むことよりも、さらにみじめなことだということです。懐疑が外に向けられるだけであるなら、冷たい目で社会や他人を批判し、冷笑すれば足ります。しかし自分が信じることのできる、自分の行動の基盤とするものを見つけるためには、その鋭い目を自分自身に向けなければならないのです。自分自身を疑うこと、これは全く苦しいことではありますが、これなくして何一つ新しいエネルギーを見つけることはできません。そうすることによってのみ、その人は幅の広い複雑な人間理解に向かうことができるでしょう。

これから数年間の学生生活の間に、もし君がこれこそ絶対の真理だと信ずることのできる考え方を見つけたとき、一歩さがって角度を変えて鏡に映して見てごらんなさい。深く考えれば、その真理はやはり決して真理などではないことを理解できるはずです。なぜなら頭や言葉で考えた真理で人生が分るはずなど決してないからなのです。懐疑は人類が進歩してきた原動力でしたし、またこれからも必ずそうでなければなりません。

［手稿　一九六〇年頃］

春秋夜

春

四角い車が
まるい車輪
夜をはこんで
きしんで　ゆらゆら
とばして行った

秋

木犀が咲いた
彼はまた
忘れずに
東洋を語り出します

ほの白く
薄雲が
一はき・・・・・
夜をこめて
秋の光は
語りあかす

夜

色は
白と黒にだけ還元する
白は光
黒は
空間のすきまをのぞかせて
白い壁を
なゝめに切ったら
夜がみえます

〔『普通部會誌』復刊・一号　一九五三年〕

学習ということと修業ということ

寒稽古と稽古着

今年もいくつかの部会で寒稽古がありました。一番電車でやって来て、六時頃には盛んに「やあ、やあ」などとやりあって、手の先も足の先も真赤。痛いの冷たいのなどと言いながら、体が暖まった頃、日が昇り、朝がやって来る。

熱いそばのうまかったこと。学校へ来るとまだ誰もいなくて妙にガランと静かだ。

私にもそんな経験がありました。武道や運動をやっている生徒諸君には、何かしら似た経験があろうかと思います。

また、剣道、柔道、弓道、空手などには、それぞれ独特の稽古着というものがあります。普通部生もこれを着て校舎の内外を歩いている。それを見ていると、ほかの運動部員のモダンなユニホームと何か違った、ある特殊な感じが私の中に起ります。この特殊な感じは、私の気持ちの奥深いところで、何か呼び起すたぐいのもので、簡単に捉えようがありません。

しかし、真冬の朝っぱらからの寒稽古という常識のはずれさかげんといい、相も変らぬ昔からの稽古着で押し通すところといい、いずれも、武道というものの持っている一つの特異な性格を示しているように思われます。

武道とほかのスポーツとでは、練習ということの表現一つにしても、違った言葉が使われます。英語ならトレーニング一つですみますが、武道ではこのトレーニングは稽古となります。確かにトレーニングという言葉の示す姿勢と、どこか違った態度を要求する稽古というもの。その、ものの学び方、身につけ方は、私達の中に一体何を呼び起こさせるというのでしょう。

「能率のよい修業の方法」という言葉

近代の学校ができる以前、日本には寺小屋と呼ばれたり、私塾と呼ばれたりする形の教育の場がありました。いまでも大切に保存されてはいるが、その小さいこと、その何の変哲もないことで驚かされる、山口県萩にある松下村塾などを思い起してください。

近代以降の学校教育が、スポーツでのトレーニングに当るなら、寺小屋や私塾には、武道での稽古と呼ばれてよいような、ある種のにおいがあったかに私には思われます。この問題点をよりはっきりとさせてみるために、一方を「学習」という言葉であらわし、稽古と呼ばれる側を「修業」という言葉にあえて当ててみると、いまの論点がより鮮明になるかもしれません。

「学習理論」、「学習過程」、「学習効果」などという少々難しい熟語から、「学習の量が多いとか少ない」とか、「能率の良い学習方法があるかないか」とか、そんな日常語まで、私達のまわりでは、この言葉はもうすっかりおなじみです。このトレーニングという言葉に似た「学習」という言葉は一体何なのでしょう。単に学び習うという意味だけではない、何か近代的な、さらには現代的なメカニックな感じがします。この特徴を「修業」という言葉と対比してみると良く解ります。「修業」という言葉を、この「学習」という言葉に置き換えて考えてみましょう。

「修業の理論」、「修業の過程」、「修業の効果」などはまだ良いとして、「修業の量が多いか少ない」とか、「能率の良い修業方法があるかないか」などとくると、少々なじまない感じがして来てしまいます。「能率の良い学習方法」ならば変ではなくて、「能率の良い修業方法」ではどこか何がなし変なところがある。ということは「学習」と「修業」との内容的な違いが私達にはたとえはっきりとはしなくとも、やはりどこか違うところがあるのだと思われます。

少々考えてみますと、「学習」という言葉には、どうも論理性とか、科学性とか、技術性とか言ってもいいような、人間が自分を何らか操作することによって、なんとかなりそうな意味あいがありそうです。それに対して「修業」には「学習」の持っていると思われる操作性とか技術性の代りに、いつも自分自身をはっきりそこに投げ入れなければ、何一つ得ることのできない厳しさとでも呼ぶべきもの、量的なものではなくて質的なものが要求されていることに注目しなければなりません。

修業の眼をすえているところ

武道のみならず、日本では数多くの分野で、稽古とか修業という言葉であらわされるような一つの学び方がありました。お寺での修業、お茶の、焼きものの、舞いの修業、その他、織りもの、食べものなど専門家としての職人となるためのさまざまな修業。

そのきわ立った特徴は、焼きものなら焼きものという、土をこね、器を作り、窯で焼き上げるという技術を直接に学びとるというだけでなく、便所掃除から食事の仕度、人様の世話から走り使いまで、一つの生き方や姿勢・態度を身につける。彼の日常の生活の中で、次第に仕事とする事柄へ眼を見開いていく。教える側の人は、先生などと呼ばれるよりも師匠と言われる方がふさわしい。

しかも、そこには修業の型というものがあり、どんなに苦しくても、三年五年そして十年はその型の中で、師匠という生きた人を通して、何ものかに眼をすえていなければなりません。そこである時、何かに気付くのです。

そこで型から出られるかもしれない。それは解る、理解するというより、悟るという方が当たっているようです。そこには一つの生真面目さがあります。どこかに一点眼をすえる所があります。なかなかに辛いことなのですが、そこではゲームで遊んでいる自分を自分で観察するなどという余裕はありません。眼をすえているところ、すえねばならないところは、技術を覚え次第に身につけていく手先のことなのではなくて、わざを体得していく過程で、変化し動いていく自分の内面の成長であるとでも言いましょうか。鍛えられていく、自分の心と体のバランスをとって見ていく。そこで半年一年が経っていく。見るというよりは眼をすえている。心と体とを、わざを体得するところで同時に見るという、なかなかに難しい芸当を必要とします。ですから、わざそのものでなく、修業には、生活の生き生きした多くの局面を投入する必要があるのです。

この一連の学び方には、何といっても不合理な感じや無意味なエネルギーのロスを感じさせるところもあるのですけれども、何か人間的な、頭でっかちではないこなれた魅力があります。

私達のやっている勉強

普通部という学校。これもまたまことに現代的な学校と言わないわけにはいきません。こゝは私達の学校です。私達はこの学校でどんな学び方をしているのでしょうか。

この学校は、生徒諸君が何年か経って、振り返って見たときに、これがなかなかに特徴のある教育の場となっていたことを面白くも思い、いろいろなるほどと考えざるをえない点に気付かれるかと思います。ではいまのこの学校が満足すべき状態であるかといえば、とてもそうは言えない。私にはやはりモダンな学習中心の場であると思わないわけにはいきません。およそ、修業という言葉の意味するところとはほど遠い。眼のすえどころ、つけどころがどこか物足らない。

これは現代の都会的な学校教育の持っている宿命かもしれません。しかし、私達の手で私達のやっている学習中心の勉学の仕方の中に、修業というものの持っているいくらかとんちんかんかもしれない泥くささや素朴な面白さ素直さ、それに学校生活の厳しい苦しさ、それにもう少しの他人様の世話までを、この学校というところに取り込んで、それに時間をたっぷり使ってみるのも面白かろうと思うのです。掃除会社のおばさん達の仕事や、用務員さんの仕事が、はたしてその人達の仕事でなければならないのかどうか、もう一度考えても見たいものです。それぞれの分業というものも、学校の中ではどうでなければいけないのか、私にも具体的には分りませんが、各人がやりたいことがやれて、言いたいことが言えて、しかもみんなで良く働いて、しかもそれが勉強になり、ものが学べてしまうようなところ、そして眼のすえるところはいつもはずれていないような場所。それが普通部だったらいいなあと切実に思う毎日です。

［『普通部会誌』二〇号　一九七二年］

伝統の厚さとその輝き——労作展

私が普通部に入学したのは昭和十五年でした。三田の現在の中等部の場所に建っていた普通部の校舎は、木造で少々古びてはいたけれども、決して見掛けの悪い建物ではありませんでした。戦災で焼けてしまったそれも、いまにして思えば、外観は大正期の建物の落ち着いた風格を持っていたように思います。校舎としても、機能的にそれなりの工夫がされていました。しかも、その校舎のすみずみまで響く人のつく鐘の音は、ベルやチャイムと違って、いまでも私の耳にくっきりと残っています。

そのとき、私は一年生でした。秋に開かれた労作展覧会はいま数えてみて、第十四回のものであったようです。そして今年、昭和五十三年秋のこの労作展覧会は第五十回となります。ということは、かつて普通部で学び、いまも現役として活躍しておられる六十歳代までのすべての方々が、それぞれこの労作展覧会出品作品の創作過程の苦労を身にしみて味わったのだということです。

労作展覧会には、ほかの中学校や高等学校の文化祭と銘うったどんな催しとも全く違った特別の雰囲気があります。この雰囲気は少々堅苦しく、地味な感じもありますが、厚みと深さがあると思います。この行事の底の気風は一つの哲学によって貫かれているといってよいでしょう。ここには私達の一つの自負があるのです。

さまざまな領域にわたる作品群。個々の作品は、その制作者のひたむきな努力と使われた長い時間の無骨なひとかたまりと言っていい。ある少年は何十時間をかけ、ある少年は何百時間をかけ続ける。夏の終りのまとめの時期などは、朝から深夜までただ一人でその作品の完成に全力を尽くす。大切なことは、これが少年達にとって生まれてはじめての知的挑戦の体験であるということです。自分みずからに課題を与え、強制する。領域によっては旅行もしなければならない、未知の人の親切や知恵も借りなければならない。一体これは自発的な努力であるのか、それとも強制された課業であるのか、そんなことを考えるいとまもなく、もうただ夢中でつき進む。

不思議なことに、私の体験したかぎりでは、昭和十五、六年の時期に、労作展覧会にはすでにこの静かな熱気が流れていました。木造のあの校舎で生まれた気風が、いまもここに生き続けている。人間の集団の不可思議さを私は想います。参会者の皆さん、ゆっくり少年達の努力の結果を見てやってください。

［『労作展　第五〇回記念』慶應義塾普通部　一九七八年］

労作展　第四十一回　講評／数学科

　この数年、数学科の出品点数は二十数点をかぞえ、十年前の五、六点の出品しかなかった頃とくらべて、少年達の興味の対象の変化が印象に強い。その取り上げられた内容もまた、コンピューターから記号論理学やパズルまで、一昔前とは比較にならないほど幅広い拡がりを示している。それがたとえ、自分の能力をはるかに越える内容を含むものであることが理解されはじめても、多くの諸君は、長い時間と大きな努力によって、なんとか一応の区切りにまで持っていっていることは、充分に尊敬に価することであると思っている。この地味な努力の見られることが、長い労作展の歴史を積み重ねてきた意味である。一朝一夕にこの態度を一つの学校の中に作り上げることはできない。他の学校の真似のできない理由である。

　さて、数学科の講評として例年あげられることがいくつかある。自分の手にある難しい内容に目標もなく深入りしてしまわぬこと、目標がはっきりしないままに多量のデータを収集して、どうにもまとめることができないことのないようにすること、独善に流れてしまわないように、自分の言いたいことを正確に不足なく表現することに留意すること、少年らしいユニークな着想と視点がのぞまれること等々。今年も多くの作品の一般的な反省としてやはり同じことを伝えておきたいと思う。

普通部学生の作品には、ごまかしがあってはならない。というのは、自分の研究した範囲のことが確かに分り、自分のまとめあげた勉強は、具体的にどんな意味を持ち、どのようなところにどんなに役立つものなのかを広く見ることのできる視点は、是非ほしいものである。

おわりに、ごく初歩的なことであるが、来年度以降の参考までに基本的な注意を二つ三つ。

人に読んでもらう作品の誤字脱字は恥しいことである。

参考文献ははっきり示しておき、特に引用の部分は自分の考えた部分と対比して明らかにしておくこと。

労作展の主旨から、製作日誌、下書きなどはなるべく一緒に提出しておくこと。研究の目標や考えがまとめられ、勉強がされて、作品となってあらわれてくる途中も、見る人の大きな興味を引き、意味のあることだからである。

［『普通部会誌』第一八号　一九七〇年］

労作展　第五十七回　講評／理科

労作展理科の講評としてはもの足らない話かもしれません。これは下級生に是非読んでもらいたいもので、上級生にとっては分りきったごくあたりまえのことといえるかもしれません。「よそ見けっこう、ぼんやり見ましょう、そして夢中になりましょう」という話です。労作展には、どんな方面の、何を作ったらいいのか、どんな領城の研究をしたらいいのか、ということについでです。

人によっては、数百時間もかけて一つの作品を仕上げる。半年も一年もかけてやる。そんなことにもなるのですから、自分にとってよっぽど面白いものでなければなりません。頭のどこかに少しでも、いやいやながらの気分が残っているようでは、とても長続きするはずもないし、もともと出発点が間違っているとしか思われません。では、どこにそんな面白いものがころがっているか、のめり込んでしまうような面白さがそんじょそこらにあろうとは想像もできない。どこで何をどう見つければいいかが分らない。かりにどこかにそれがあるにしても、その探索の手がかりとポイントはどこにあるのだろう。

「僕」自身にとって「面白いもの」とは一体何なのだろう。「僕」は何に対して面白がるのか、これは「僕」ならずとも私達みんなにとって、そう分りやすい簡単なことではないのです。誰にとっても、よく分らない難しい不思議なことなのです。面白そうなことはその辺にたくさんあるかもしれません。実際、街を歩けば、博物館に行けば、東急ハンズに行けば、面白そうなものを探すこともできるかもしれません。しかし、その面白そうなことは、「僕」の中から湧いて出てきたものではない。ショーウィンドウに並んではいるが、いずれも要するに他人様がしつらえて、面白そうに見せてくれているにすぎないものです。そんな面白そうなことにひきずられて、あれこれ手のひらに乗せてみたにしても、それは決して本当の「面白いこと」になることはないのです。そんな面白そうなことにひきずり回されてしまう人がとっても多い。そんな人は、最後にとうとう、「面白いこと」なんて一体僕にあるのだろうか、僕は本当に「面白いこと」を見つけようとしているのだろうか、そんな運命的なる「面白いこと」が僕の前に、ひょいっと現われるなんて考えもつかん、などと、とうとう「僕」が「僕」を見失うようなことにもなりかねません。

わけが分らないことを探し求める、尋ねてまわるという意味のことばに、暗中模索というのがあります。難しいことばですが、これをそのまま考えてみます。具体的なイメージにしてみましょう。

暗い部屋に手探りで入っていきます。どんなところなのか、そこに一体何があるのかは全く分っていないわけです。懐中電灯があるわけではなし、誰かが手をつないで入ってくれるわけではなし、頼りになるのは自分だけ。その自分だってあぶないもの、暗闇を歩いた経験があるわけではなし、大体、暗闇の歩き方なんてどこにも書いてないし、人が教えてくれるわけでもない。おばけ屋敷のおっかなさなんかもちょっと思われる。一歩入ればもう真っ暗。一歩入れば、足の下が平らであるという保証もないわけでしょう。何にも見えない。おっかなびっくりのところで手探りが行なわれる。そこで、さらに一歩一歩奥に入るわけです。もう、どうしたらいいか分らない。方向さえも分らなくなってしまう。そこで「僕」は立ちどまる。「僕」は一息大きく息をして、さてと、暗闇といかに対決するかを考える。全部のアンテナをまわりに向けながら、向う側からくるほんのわずかの動きも見過すまい、聴きすごすまいとします。体はおっかなさで総毛立ってはいても、アンテナをそっと動かしながら手がかりを探す。

背のびをしてみる、しゃがんでみる、両手を伸ばしてゆっくり動かす、息を吹きかける、つま先でゆかの上をちょっとつつく。きっとこんな図を赤外線かなにかで他人が見ようものなら、さぞや珍奇で馬鹿々々しくて、吹きださずにはいられないのでしょうけれども、本人にとっては大真面目、出るに出られず、引くに引けず、進退窮まったというところでしょう。ところが、ここで何かが起るのです。ここで何かにぶつかるのです。それを「出会い」といってもよいかもしれません。「僕」が一体何に出会うのか、それは分りません。足にぶつかるか、手にさわるか、それとも思いがけない「何か」にあれっ、と気がつくか。予想を全く裏切られるからこそ「出会い」なのです。

さて、諸君。ここまで読んでニヤニヤしないでください。私は本気で大真面目にこの体験をやってみてくれることを願っているのです。知らない部屋がなければならないのだけれども、そこさえ見つければこの数分の体験はできる。だまされてもいいと思って暗闇に一歩ふみこんで見てください。私は一度、この体験で、暗闇で手にペンキがぺったりついた時には驚いたけれど、そのおかしさを十年経ってもよく覚えています。この暗中模索の数分は決して小さな体験ではありません。まず、僕が「僕」になります。おっかなさが体の中心から吹きだしてきます。何しろ他人様と「僕」は関係がないのです。「僕」はただ「僕」一人。「僕」を見失うなんてことは決してないのです。

「面白いこと」というのは、この暗闇の中で「僕」が触れた「何か」なのだと言ってもよいと思います。面白そうなものというのは、多分頭の中だけで考えられたものであるのでしょう。体で探しだしたものと、頭で考えだしたものとの違いがあります。「僕」が自分の体で探しだしたもの、体がさわって、体がブルッと震えたものであるわけです。そう、どこか、女の子が好きになる、ということと似ていると思いませんか。そうです。「面白いこと」というのは、そんなことなんです。

さて、理科です。毎年、とてもよい作品に私も「出会い」ます。そんなすばらしい作品を前にするたびに、私はその作者がその作品を手がける最初のきっかけを思います。彼は「面白いこと」を見つけたのです。恋人を見つけたのです。何百時間を費やしても少しも惜しくないと思った、というより、面白がっているうちに何百時間かが経ってしまったという方がいい。その最初のきっかけは、思いがけない人の一言、ぼんやりしている時の、はっと思ったこと、しゃがみ込んで見ているうちについ手をだしてしまって、どうも、そんなこともあるようでした。よそ見も、ぼんやりも、とても大切なのです。「面白いこと」はそんな一見無駄そうなドアのかげに、そっとかくれているからです。

「面白いこと」が見つかってしまえば、あとはもう夢中になってひとまとめすることです。全力で考えれば、よい助言者、援助者もでてくるものです。でもしかし、そううまく上手にまとめることを考えなくてもいい、夢中にさえなれるなら、それだけでもいいのではないかな、と私は思っています。井戸を掘ってうまく水を出すよりも、水が出なくても、深い深い深い井戸を足もとに掘り続けた方がいいと考えるからです。

［『普通部会誌』三四号　一九八六年］

労作展　第六十二回　講評／理科

私は普通部出身です。ですから私の中学生としての生活はこの普通部でありました。入学したのは昭和十五年の四月。何ともう五十年も前のことです。二年生の冬には第二次世界大戦が始まったのですから、私の中学生生活は戦争というもののまっただ中だったということになります。このように私の中学時代の生活とは、この普通部の中なのであって、ほかの学校であろうはずはありませんから、私が他の学校の生徒であったなら、どんな生活を送ったであろうかは分かるわけがありません。人生は自分の歩いた道一本かぎりです。しかし、です、振り返って見たとき、私の普通部時代の生活の思い出は、世に言われる戦争中のただ灰色の暗いものなどとはとても言えないどこか複雑な色あいを持ったものでした。不思議な面白いものだったのです。勿論、戦時下のことですから、学校の中に陸軍の軍人さんが居て、軍服姿で授業をやったり、廊下をどしどし歩いたりしていたことはあったのですが、それでも先生方は、軍隊的管理統制とはおよそ似つかわしくない言動で、私達生徒に接してくれました。先生方がその軍人さん達とどのように接し、どのように感じておられたのかは、若年の私達には知る由もありませんでしたが、きっといろいろの想いはお持ちであったに違いありません。それがどんなものであったのか、何故か私は先輩の方々から聴きそびれてしまいました。一度伺っておきましょう、大切なことで次の世代に伝えておくべきことですから。

森鴎外の『高瀬舟』を音読して下さった国語の佐々木一雄先生、その独特の声、地理の時間に何かから中国文学の中の怪談に滑り込んでは私たちを喜ばせて下さった、振り向いたところが何かの鳥に似ていて、そんなあだ名のついていた清水潤三先生、日本で第一流の重量挙げの選手であった体操の井口幸男先生の生徒の叱り方の優しさ。挙げてみれば数限りのないエピソードの並ぶこの学校の不思議な自由の雰囲気。それは当時の他の学校ではあまり体験のできなかったらしい事のようでしたが、私達には何も分ることがありませんでした。極くあたり前のことだと思っていたのです。戦後、私が教師となりいろいろと調べてみたところ、私達が得た体験は実は当時まことに珍しいことであったのだ、と驚いたことでした。普通部には、戦時下としての軍事教育はほとんどなかったのでした。いま思えばこれは不思議なことと言わねばなりません。実はそういう中で労作展は行われていたのです。当時五年制度の普通部は、いまの三年制度の普通部と大きく違うようでいて、案外、雰囲気は良く似たものであったように思われます。その中で育ってきた労作展、当時は第十七回とか第十八回とかのあたりであったでしょう。第一回は小林澄兄先生が普通部主任（いまの普通部長）の折、労作教育という新しい観点からこの行事を始められたのですが、もうその私達の頃には、年々いまの指導と似た形の運営の型ができており、先生方は各科に分れて、個別的な話にもずい分乗って下さったと思います。私は三年生のときに考古学を扱ったのですが、清水先生にいつもくっついて大学の考古学教室に入りびたり、大学生の方々にずい分いろいろなことを教えていただいたものでした。

普通部の労作展は、知る人ぞ知る案外有名な存在なのです。ときどき新聞などにひょっと一文がのっていることがあったりして、あれっと思わせられることがあります。普通部生にとってはごく当たり前のこの労作展というものが、他の学校ではどうしても眞似ができない、似たようなものをやろうとしてもできないもののようです。私もずい分多くの他校の先生の感想を聴かせてもらいましたが、そのご返事はなんと「私の学校でもやれれば面白いと思うのですが、これはやっぱり無理でしょう。やはり長い伝統の雰囲気の中で作られた作品群だと思われます」というようなものでした。私は長い年月この行事に付き合ってきてみて、なんでもないようなその雰囲気の大切さというものをしみじみ感じています。例えばこんなことがあります。先生方は作品を観たり読んだりして、最後に賞をつけるという作業の中で、具体的にその作品を前にしてその優劣を判定しますが、その仕事には先生方の検討・討論というものが不可欠なのです。そこで先生方は普通部での教育の目的は何であるのかを、具体的な作品に即して考えねばならなくなります。これは学校というものにとってとても大切なことのようです。また、生徒は生徒でさまざまな個性のきらめきを他人の作品の中に、見ていないようでいて見ているものです。このあたりのいきさつを若い先生方も見てとり、この労作展という行事を引きついでいってくれるものと私は考えています。

さて、理科についても少しは触れておかねば叱られてしまいますから、いくらか書いておきましょう。

目標がほぼ定まったらまず二つの柱を立てて見て下さい。一つは予備的な準備という柱で、立てるのは夏休み前までに。もう一つは本番という柱です。第一の柱が大切です。本番が大切なのは誰にでも分ることですが、実は準備段階がしっかりしていれば本番はとてもスムーズに進むのです。第一の柱は全体的な視野をどのように拡げ、自分の必要な地図をどのように描くのかということです。例えば、公害とか環境汚染をテーマにするとします。巾広いテーマですから、何を対象にするか、ゴミ、水、空気、土、食品など何を扱うか。そこで君は多摩川の上流から下流まで歩いたり、江東区のゴミ埋立地に出掛けたりするかもしれません。あちこち歩きまわることで、何かヒントを得るかもしれないし、農家の人に出会って、農業の中で問題点に気付くかもしれない。たまたま出会ったその一人の人物が、君の研究の思いがけない新しいドアの鍵をにぎっているのかもしれない。意外な展開の中で君は自分のなすべき問題の焦点を発見する。そこで君は本気になるのです。ようし、これでやるかと覚悟するのです。この覚悟が一番大事なこと。自分一人でやる予備実験でも同じことです。まずあれこれやってみて、やりたいことのまわりのいくらかの範囲のことが分ってくる。他人に相談したり、指導を受けたりするのはそれからのこと。何しろ自発的な自主的なヤル気がでてくるのが第一の柱の中核なのです。このようにして、夏休み前までに自分がやりたいことをレポート用紙五枚ぐらいに書けて、それを先生に見せて指導をいただければ、まずは充分なのです。この姿勢で、第二の柱を立ててやっていければ成功まちがいなし。そうはトンチンカンになることもないでしょう。自分勝手な思い込みでなく、専門家の意見が自分のユニークな発想の上に生きれば、きっとすばらしいものが出来上がります。

このあとに掲載されている三年D組A君、二年D組B君の作品は、第一の柱がしっかり立てられたあとで、第二の柱がその基礎の上にゆるぎなく立った作品です。連続研究ですから、ゆっくり長い時間をかけていつも検討が加えられていたにちがいありません。

助言をする側から言えば、本人が何をしていいのか分っていない場合、話は抽象的で、良いも悪いも言いようがありません。「僕は何をしたらいいのでしょう」では返答のしようもありません。ようし、来年は一つまともなものに取り組む、と覚悟するのも、いまの時期に面白いことといえるのではないでしょうか。諸君、健闘を祈ります。

［『普通部会誌』三九号　一九九一年］

教壇に居ない先生

うっかり僕が町のレストランで
子供達に会うと
きまってみんな不思議な顔をする
僕の後には黒板がなく
指が白くなっていないので
みなれぬフォークがあるからかもしれない

ぶらっと僕が波止場で
夕暮れなどみつめていると
たまに生徒達が
隣に坐っていることがある
僕に気付いてから何べんも

顔を見なおしてそして笑顔になる
方程式と波止場とが
どうしても一緒にならないためかも知れない

音楽の話をしたり
珍しい外国の話をすると
急にクラス中は静かになって
そんな時だけ
誰もいたずらもしない
どうしてなんだか僕には分からないんだが

〔『普通部会誌』三号　一九五五年〕

A君——不慮の急逝

お父さんとお母さんに

お父さんお母さん
あなたは悲しんではいけません
どうしようがなくても
あなたはうつろに開いたあなた自身をただみつめてはいけません

彼はいなくなりました
しかし
人がなぜ生きるのかという答を
彼は突然解いてしまったのです

あなたが悲しむ時
彼のおもかげはうすく見えなくなります
あなたが暖かく人々のなかにあるとき
彼は親しげにほほえんでくれるでしょう
なぜなら
あなたや私達の魂のかなたに彼の澄んだまなざしがいつも透けてみえているのですから

遠い古代に親達がありました
生まれそして滅んでいくものを見ている親達がありました
根深い生きることの底から物音をきいている親達がありました
親達は今日も畠を打ちました
親達は命の滲んでいる空気をキッシリ吸いました
絵を描きました
道具を作りました
わびしさがものになってありました
遠い古代から黙って創りつづける親達が生きていました

お父さんお母さん
あなたは創らなければいけません
あなたは病気をしてはいけません
なぜなら
あなた自身の見えない部分に
あなた自身の毎日の中に
彼もそっと住んでいるのですから

［手稿　一九五七年］

霜　石切場

霜

霜柱くずれ折れ
映えて　きら〳〵
西北の風にこたえて
背のびして青白く
硝子の棒はめじろおし
枯葉の帽子
厚く　すっぽり
くびきまで出して
　きよろ　きよろ
北向きの
くぬぎ林は
ひっそり

石切場

石ころげ
四角く切られ
石切場
山の日だまり
亀裂
遠くにこだまし
千トンの石
垂直に割られる
山はむき出し
山は切りこまざかれる
石切場　ひるげ時

［『普通部會誌』二号　一九五四年］

未来への歩み――普通部の歩み七十五年記念

普通部の少年達

二時間を越える力闘を終った少年達が拍手の中を砂浜にあがって来ます。紫色の唇、冷えた体、ほとんど立つことも難しい膝。しかし、苦しさを一息越えて何物かをなしとげたという実感の中で、彼等ははるか沖の海面を眺めながら、熱いコーヒーを一口一口飲みます。隊列に遅れた少年が二人、コーチの一団の中で最後の力で近づいて来ます。浜辺に歓声が挙がります。

これは臨海学校での最後の場面、遠泳の終る夕暮のことです。何杯もの和船、機械船、それにボート群。これは男の子達の通る一つの豊かな世界です。今日、向うの丘の普通部の校舎では労作展が開かれています。ここに御列席の方々は、下級生から上級生までの出品作品の中に、普通部教育の何をご覧になられるでしょうか。幅広い許容性と、多彩な個性が、それぞれの世界の中に次第に鮮やかになって現われることにどのような感慨をお持ちになられるでしょうか。

年若い少年達にとって、普通部は生きねばならぬ世界であり、まさに一つの坩堝です。厳しさと自由と優しさを悪戦苦闘の中で学問とともに学びます。そして三年間で、さまざまな人間像を「それぞれにいい奴だな」と信じて離れていきます。

新しい潮流の中で

世界の教育はいまや昏迷と模索の時期にあると言われます。しかしまた、予測困難な未来社会の方向を決定するのは教育そのものだとも言われます。

新制度三年制の普通部も、すでに四分の一世紀を歩みました。この普通部の未来は明治からこの戦後という大きな伝統の流れと切り離された風土として考えられることはあり得ないでしょう。しかしながら、新しい時代を担う教育、という鋭い観点から、すでにさまざまな人間観と教育システムが世界の潮流として生まれ出てきています。この流れの中で私達も塾風、一貫教育、その一部を担う普通部とは何か、いかにあるべきかについて、はっきりと究めて、そして充分に謙虚に分析と検討を加えなければなりません。そしてこの分析と検討は、数十年というやや遠い将来までの普通部の未来像を示唆するものでなければなりません。

この根本目標の検討はまた、福澤精神の建学理念のまさに現代的な具体的表現でもなければならないでしょう。しかもこれは、義塾にかかわる者の予感し期待している新しい時代の新しい型の人間を生み育てる現実的な教育の場を作り出す力とならなければなりません。

私達が応えようとする方向

私達はこの基本的な検討に手をつけています。見取図を掲げるところまではいきませんが、やや具体的な方向は次第に明らかになり、その一部は手が着けられはじめました。気品と洞察力のあるスケールの大きな少年達を生む風土。このためにいくつかの方向があります。

カリキュラムと評価

選択制度が検討されます。この年令段階で可能な限界が見定められ、芸術、体育などの位置が次第に変化するでしょう。一方、適応の困難な生徒への配慮が一段と工夫されながら、より細かく行なわれることになるでしょう。これは評価の観点を動かさなければならなくなることを意味しています。

行事・クラブ活動

個人や小集団が、創造的な活動をより活発にできる局面の多い複雑な形になるでしょう。

生徒指導の視点

成長を援助する観点の変換が必要となり、教師像の検討を迫られるようになると思われます。

環境の整備

環境は最大の教師である、という観点で新しい精神風土を醸しだすために、校舎改修などが始められています。校内の緑化などは勿論のことと言えます。

施　設

小体育館、武道場が期待されています。現状でも大きく不足していますが、もし新設が可能ならばすぐにでも大幅な活動の増加が望めます。さらに、新しい発想の施設として「福澤舎」とでも名付ける宿泊施設を至近の距離に設置することができれば、クラス、クラブなどでの生徒同士及び教師との密度の高い接触場面を数多く生みだすことができるでしょう。

厳しい批判という援助を

私達は、普通部七十五周年という区切りに立って、明治以後、万を越える卒業生の方々、旧教職員、塾関係の方々、普通部に子息を託された父兄の方々などが、いかにこの学校に深い愛着と信頼感を持ち続けておられるかを、まことに痛切に知りました。そして私達は自らに問います。私達は果して、それ等の暖かな信頼に応えるだけの熱意と柔軟な姿勢を保って日々を重ねてきていただろうかと。

私達は、ここで想いを新たにして、明日を迎えようとします。私達は私達なりに普通部の未来の方向を探っていきます。そのためには、私達教師と生徒は、長い厚みのある体験を通して未来を憂うる方々の助言忠言に、率直に耳を傾けなければならないと考えています。進歩は謙虚さの上にしか築かれることはありません。厳しい批判は最良の援助である、という言葉を私達は信じ期待しながら、すべての方々と共に歩みつづけようと思うのです。

〔『普通部の歩み・75年』一九七四年〕

遠泳賛歌＊1

群

わたしは突堤に立っていて
その先の波の上に立っていて

子たちの一群が目の前を渡っていく
ますぐに　隊列は　長く正しく

でも　なんで　あの歓声が無いのだろう
一群は　音もなく進んでいく
でも　なんで　わたしがいないのだろう

それは変だ
だって　わたしはそこで泳いでいた
いつも　殿で泳いでいた
あの隊列にわたしの居場所はあった

めぐり来る夏はいのちだったのに
星座はくっきり見えていたのに
夜中のタコ突きでゴンズイに刺されたのに
あのとき　わたしは子たちの真中だった

わたしは波の上に立っていて
海辺の突堤に立っていて
時を越え　渡っていく
颪のような　一群の子たちを見ている

重ねられた手

みんなの学校は
みんなの手で　創るのがいい
無器用なのがいい

みんなの学校は
学びが終ったら　みんなの手で
見事に焼き払ってしまうのがいい

この学校は　見物の浜で
みんなの手で創られ　そして消えていった

この年の手は　昨年の手とは違う
翌年の手は　この年の手とも違う

手にはたくさんの手が重ねられて
素描　組み立て　ここに学校は姿を現わす

グーフィーズの手の中には　教員の手もまじって
手から手へ　手から手へ　で五十年

今夜半　たくさんの手は
明日の遠泳の隊列を組む

あいつはそこ
あいつは先頭
それにこいつは彼の前がいい

緻密な計画を　手は手を組んで考える
もう　いくらも眠る時間がない

いつか　そしてある日

出発の合図
隊列はゆっくりと水の中に入っていく
君は　三〇〇〇だった

あの日　海は荒れていたね
爪先が底砂から離れたとき
激しく　君は身震いした

でも　渾身の力しぼって泳いだね
よくぞ泳いだ
波かぶっては　吐くほど飲んだ

舟のメガホンがわめく
隊列崩すな

距離とれ　距離

でも
兄貴たちが寄ってきて
ホラヨ　ホラ　アメ玉
口に一つ入れてくれた

君は　遅れに遅れて
兄貴たちに守られてのゴールイン
拍手の中
君は　立ち上がることもできなかったね

暮れなずむ夕暮
波打ちぎわに坐って
君は　並んで　西の空の赤を見ていた
今晩　キャンプファイアの火しっかり見よう

いつか　そしてある日
ひとり　山など歩くとき　想ってくれ給え
愁いに　ふと足を取られたら　想ってくれ給え

君よ
君の中の少年に問い給え
あなたは　あの海で何を聴いたのかと

＊1　慶應義塾普通部館山水泳学校は、一九五七年夏に開始され、冬期のスキー学校とともに、校外教育の一環として重要な役割を果たした。香山先生は水泳と山スキーの熟達者で、こうした学校に教員として毎回参加した。文中のグーフィーズとは、橋本欣也君ほか、館山水泳学校の運営に尽力された普通部先輩諸君のグループの呼称。
＊2　本稿は、記念誌『館山水泳学校五〇年誌』のために二〇〇七年初めに執筆された。

〔『館山水泳学校五〇年誌』平成十八年度水泳学校係編、慶應義塾普通部、二〇〇七年〕

Ⅱ.

心の未知の部分に種を蒔く

1976 — 2002

普通部生の顔　そとうち

その一

三年生の能登・高山の修学旅行準備会の折だった。能登もこの夏の大冷害の地方であること、これは一種の贅沢旅行と見られるかもしれないこと、旅で土地の人と触れるには一つの心得というものが要ること。私は〝楽しんで来たまえ〟という一言に加えて、ついそんなことを言った。生徒はよく聴いてくれていて〝行ってきます〟などと声高に茶目を言う子もいた。

修学旅行は万事無事に終わった。事後の調査では、なかなか気難しい普通部生徒諸君にも、この旅行は至極好評だった。彼等にはこの四泊五日が本当に面白かったらしい。

十二月に入って、さる先生から一束の手紙が渡された。金沢から高山までの、はじめの三日間同行してくれた五人のバスのガイドさん達に、この先生は「外側から見た普通部学生」のタイトルで率直な感想を求めたのだそうだ。いま思えば、ずい分無理な注文だった、と言われるその感想文を私は読ませてもらった。

「話しかけても反応がない」、「明るさがない、かわい気がない」、「普通の学生らしさと言うのがありません」、「このクラス一日中しらけつづけたクラスです。こうまで泣かされたクラスはありませんでした」、「聞いているのかいないのか、そんなの知らないって感じ、さみしかった」、「自分の主義に反することは徹底的に受け入れない強い信念に驚き」、「何か目的があると思いますが、そういう様子が全然なく」、「手を振るとプイとカーテンを閉めたり」、「時代が変ったんだ、でも何となくむなしい」。若い女性達の文章は、それぞれ全く違ったタイプの表現ながら、いとも正確に一つのことを伝えてくれていた。

私は一読、声も出なかった。そして、やはり、と思うと同時に弁解はできないなと思った。私は詫びともつかず、礼状ともつかぬ一文を、この五人の未知の方々に長々と書いた。

正月、学校に出てみると、代表のTさんという方から小包が届いていた。中に、私の一文を読んだこと、冬の金沢の風景、近況などに添えて、「金沢の名菓です。皆様で召し上がってください。これは五人のほんの気持ちです」とあった。

私は三年生のクラスに出て全部の手紙をていねいに読んだ。聞いてくれる諸君は、このときしらけてはいなかったように私には見えた。

まな板と庖丁で菓子を崩して配った。誰も一言も言わずに口に入れた。一人あたり大豆一粒の大きさだった。

その二

十二月のスキー学校に私も出かけた。今回は腰痛で、ゲレンデで少々いいところを見せるわけにもいかないので、毎晩、民話をいくつか読んで聴いてもらうことにした。

まず部屋。良さそうなところの住人になんとか貸してもらう。宣伝もした。でも、何人来てくれるやら心配だった。二、三の先生にも助けられて、結果、興行は一年生が多かったが、満員の盛況だった。

一本のろうそくだけをともし、雪あかりの中で「雪女」や「地獄の鬼」など、選んでおいた昔ばなしを読んだ。雑然としたスキー宿の一隅に、暗い森閑とした空間が現われた。八畳間に四十人の子供達が座っている。光と影のゆらめく闇の中で、聴き耳をたてている彼等に日頃のさわがしい雰囲気はない。これはまことに不思議な体験で、私にとって妙に子供の頃の想いを、なまなましく思い起させた。

初めの晩、二日目の晩に何か気付いたことがあったが、それが何であるか三晩目になって私にはっきりした。〝これでおしまい。またあした〟と言って私が黙ると、彼等も黙ってそっと立って部屋からでていく。このとき、彼等は決してお互いの視線を合わせることのないのに私は気付いた。言葉も出さない。私には、そのことが不思議であり、嬉しくもあった。その情景が、拍手もない静かな、能舞台での終演と退場の場面に似ていると思えたからである。

［『普通部会誌』二五号　巻頭言　一九七七年］

キタキツネのことから

一月の八日、三学期の始業式に、私は生徒諸君に、キタキツネの話をしました。これは最近、竹田津実さんという網走の近くにおられる獣医さんの数冊の写真集を見た私の驚きについてでした。この写真集は、学問的にもとても価値の高い作品群だと言われているそうですが、オホーツク海に沿う海岸近くに住むキタキツネ達の話なのです。

ここには日本本土に分布するホンドキツネと少し違うキタキツネの生活が、まことに正確に、そして親しくとらえられています。この写真集には、竹田津さんの数年間にわたる、私達の想像を越えた努力がこめられています。親と仔のよりそって生きる不思議な美しさとか、野生の仔ギツネのたとえようのない愛らしさとか、秋、彼等の〝仔別れの儀式〟と俗に呼ばれる、巣離れ分散行動の荘厳なまでの、かみ合う戦いのすさまじさとか、北国の雪原にさまよう仔ギツネ達が、翌年にはその八割まで死んでしまうといわれるその悲しさなど。いままで、動物というものに、特に特に強い関心をもったことのなかった私は、全く驚いてしまいました。私は彼等の姿にひかれ、魅了されてしまって、そこで、彼等と人間である〝ひと〟の世界とをくらべた話をしました。この写真集は図書室にあります。

私は何人かの生徒諸君から、仔ギツネの話をきかせてもらいました。ある一年生は、「キタキツネではないけれど」といって、九州に住むホンドギツネの研究書をもってきてくれましたし、ある三年生は、キタキツネの別の写真集をもってきてくれました。ところがある一人の三年生は、やざきせつお、という人の童話絵本を私の机の上に置いていってくれました。「こぎつねが　はじめて　おんなのこをみたのは　ゆきが　とけはじめたころでした。……きの　かげから　おんなのこをみたとき　こぎつねは　どきんとしました。こんなに　かわいい　にんげんをみたのは　はじめてだったのです。……まるで　はるが　ようふくを　きてあるいているみたいです」で、はじまる『きつねのはなびら』という本を紹介してくれたわけです。この裏表紙に、五～七歳向きと印刷されているのには驚きましたが、この童話にもまた、何故か強くひかれるものがありました。そして私の中に、「どうして仔ギツネとはこうもかわいいものなのだろう」というつぶやきが、ずい分長い時間動きつづけていました。

ある一年生は、「仔ギツネがかわいいのは、もしかすると手がつかえるからかもしれない」と言います。この一言も私には妙に印象的でした。どんなものにでも、仔ギツネは共通して素直なかわいいものとして扱われます。それがひとたび親となると、その性格は相当な悪役として扱われてしまう。〝ひと〟のこどもも、何か仔ギツネと似ているようだけれども、それがしだいに大人になってくると、はてどんなことになるものなのでしょうか。

私はほかのある研究会で、この写真集や絵本などを見せながら〝仔ギツネのかわいさ〟という話題をだしてみました。その場の人は大いに面白がって、話はみるみる発展しました。仔猫、仔猿のかわいさと仔ギツネのかわいさの違いとか、犬や猫や猿とそれに接触するひととの関係、どこでどんな様式で触れているのかとか、ひとと生きものとの心理的な相互の距離とか、ひとの側から投影する彼等の性格づけとか、思いがけない方向にも進みました。さらに狐の妖しさとか、日本人が作りあげてきた、切ってもきれない狐にかかわるさまざまな文化領域というものなど、それぞれが素人ながら、面白い話が聴けました。

私にはそれ等がすべて、深みのある話と受けとれたのですが、ふとはじめにもどって、〝かわいい〟ということは一体何なのかを考え込んでしまったのです。私にとって〝かわいい〟は、たしかに頭で考えていることではありません。根深い心の底をゆり動かす不思議な感覚です。自分でどうとかするなどということができるものではなくて、内側から湧きあがってきて、しかもことばに出してつい「かわいい」と言ってしまうような感じのもの。喜びではあるけれども、どこかに悲しさもないまぜになっていて、その場にしゃがみ込んでじっと見つめてしまう。しかも、その感じはたしかに自分でよくわかる。こんなことを考え込まされる仔ギツネの〝かわいさ〟とは一体何なのだろう。私はこのごろ、こんな妙なことが頭から離れないでいるのです。こういうのをキツネ憑きというのかもしれません。

［『普通部会誌』二六号　巻頭言　一九七八年］

あいさつと視線

私はこのごろ、あいさつのみごとな人に強い関心を持つようになりました。もちろん、あいさつがみごとだといっても、ひとことのあいさつに極意などという大げさなものはないかもしれないし、「彼はあいさつの達人だ」などと言うのも、どこか変なものです。ところが一方、あいさつのみごとな人というのは、必ずしも大人とは限りません。こどもにもあるのです。それが不思議なところです。

オハヨウ。オハヨウゴザイマス。イタダキマス。アリガトウ。ゴメンナサイ。このたったひとことのあいさつには、その人の、そのときの、機嫌の良さも、悪さも、温かさも、ユーモアも、そして時によっては、その人のひややかさも、すべてのせることができます。のせることができるというよりも、正確にあらわれてしまうのです。こわいことに、かくしようがありません。

「オハヨウゴザイマス」たったひとこと、これだけのあいさつでも、私は「これには負けた」と思うことがあります。何しろ、その人のひとことはみごとなのであって、その人の顔が見えなくても、このオハヨウゴザイマスには、その人の張りのある豊かな表情が正確にこちらにわかる。ほほえみがあり、人を受けとめるだけの巾と深さがある。まっすぐにこちらの心に入ってきて、ポッと灯がともってしまうのです。

いまのこどもたちも若者も、ロクなあいさつができません。諸君からすれば、俺たちばかりじゃないよ、大人だって、先生だってそうじゃあないか、と言いそうですが、若い人の中には極端にひどいのがいる。普通部生の中にもいる。何か、ヌッと出てきて、用だけすますとそのままヌッと消えてしまう。残されたことばが「マアネ」。これでは全くたまりません。

オハヨウ、コンニチワ、などということばを人前で使おうとすることは、なんでもないやさしいことだろうかといえば、実は意外にそうではないようです。このひとことが自然に口から出せるということには、実は相当にエネルギーがいる。なぜなら、昨日は言ったが、今日はやめておこう、などということができることではないからです。日ごと毎日、というよりも、いつもいつも、ある量の努力がいる。しかも一度言いそびれると、不思議なことに、なかなかもとのようには言えなくなってしまうようにも思います。あいさつとは、そのひとことをただ言いっぱなせばそれでよい、というものではなくて、ちゃんとやりとりがあり、そこには相手がおり、その相手と一つの勝負が行なわれているのだと考えてみるのがいいのかもしれません。ですから、この修業には長い長い修練が必要であり、自然に作りあげられた習慣がなければならない。だからこそ、優れた雰囲気を持った家庭という背景が、厳としてないかぎり、立派なあいさつのひとことは生まれてこないのです。ちょっとやそっとのことではありません。

また、人と人が出会ったとき、あいさつの前の段階として、お互いの視線の交換ということがあります。このお互いの視線を合わせるというしぐさは、ことばでのあいさつというものと、まことによく似た性質を持っています。視線はあいさつの最前線だとも言えるでしょうか。では一体、視線を合わせるとは、どういうことなのでしょう。いかなる作法が、この二人の間になければならないのでしょう。

視線の当て方、その持続の時間、そしてその視線のはずし方、ここには深い複雑な約束ごとがあるようです。視線はまっすぐにすっと相手に当てなければいけない。瞳は中央でなければいけない。流し目はいけない。ちらちら見てはいけない。薄目はいけない。上目づかいはいけない。あごが出て見下してはいけない。眉をあげる程度に大きく見開いて、はっきり相手を見る。視線が合ったなら、ある長さの時間、こちらの視線を相手からはずしてはいけない。この持続時間は長すぎても短すぎてもいけない、等々。これ等さまざまな約束ごとのうえにのった視線の交換が終ると、そのあとであいさつの言葉が発せられるわけです。

実意のこもったあいさつは、たったひとことでも、何か言い難い余韻が残るものです。

また、視線とあいさつとの滑らかなるやりとりのみごとな組み合わせは、人に、人と触れ合ったというすばらしく確かな快感を与えます。しかし逆に、このやりとりがざらざらとして、まことにぎごちなかったとき、人は悲しいほどに不快な感じを受けとってしまいます。二度とこの人には会いたくないものだ、などと。

みごとなあいさつというものと、みごとな視線の合わせ方というものとは、実は別のものではなくて、一人の人間の、素直な一つの心の、二つの側面にすぎないと私には思えるのです。

［『普通部会誌』二七号　巻頭言　一九七九年］

冬を駆け抜ける

ちらっと笑顔を見せながら追い抜いていくA君がいる。昨年とはすっかり走り方の変わったB君がいる。私にお尻をつつかれて、最後まで追っかけてくる一年生のC君がいる。D君、あれは教室とは全く違った顔だ。前のE君、少しびっこをひいている。頭をかすめるこれ等つまらぬ私の想いとはかかわりなしに、生徒諸君は走りはじめて五分もすると、それぞれのペースで、ただ黙って走っていく。校庭の西の門で振り返ると、大馬力で追い抜き、駆け抜けてくる常連がいる。一方には、一年生にどんどん抜かれる二年生がいる。しかし、彼は何ら動ずるところなく、八十キロの体重を悠々と動かしている。

毎年十月からの朝のランニングは、はじめてもう七、八年になるだろうか。二十年続けた冬と春のスキー学校での、骨折事故のあまりの多さに、私達は悲鳴をあげたものである。年二度のこの大規模な行事も、長い歴史のあることながら、その存続まで危ぶまれるようになってきた。骨折事故は、スキー用具の構造のせいばかりにはできそうにないと思われたし、実際、少年たちの一般的足腰の弱さは、私達の力ではもうどうにもならない、時代そのものの流れなのかと思ったのだった。ところが、窮余の一策のこのトレーニングに参加した者からは、不思議に骨折者がでなくなった。そして、幾変遷、そう現在のところ、スキー学校ではほとんど骨折が起こらなくなってしまっている。特に今年のこの一月からのトレーニングには、すすんで参加する者が驚くほど多くなった、冬の朝は、ずい分と寒いのにと思うのだが、鼻や手を赤くして走っている。最近は、一期三ヵ月も続くトレーニングの皆勤者が数多くでてくる。びっくりするのは、その中に思いがけない人が入っていることだ。私は私の生徒観察眼も相当にあやしいものだと思ったりする。そんな某君をからかうと、大いに叱られたりする。でも彼もうれしそうだ。

生徒諸君の一人一人の走っている姿を見ていると、ペースの作り方にも個々別々、それぞれ全く違う個性がある。一人一人が自分で何かを体で考え、体でためし、そして次第に身につけてゆくような感じが見える。いい加減な態度でいる者は少ない。一回で少なくとも三千米位は走っているわけだから、三ヵ月で優に百粁を越えることになる。これを二、三年繰り返せば、体で考えるということも、どこかで自然にできるようになるのかもしれない。なるほどと思う。

「オハヨウゴザイマス」を何十回か言いつづけて、そのあと一番後から私も流れの一員にしてもらってついて行く。一日で一番うれしい時である。ジョギングをはじめて十年位になるから、一人で走る楽しみは大分わかって来たつもりなのだが、何が楽しいといって、諸君にまじって、ただただついていくほど楽しいことはない。一人で走るのと、また全く違った楽しさなのである。しかもやっていることは同じ時刻に「オハヨウ」を言って、同じ時刻に走り出して、同じようについていくだけなのに、気分は毎日微妙に違っている。それもそのはずで、毎回毎回、何十という小さなドラマに遭遇しているわけだから。私はその思いがけない小さなドラマを掌にすくっては大切にしている。

私の気分の上々の朝は、真冬の最も寒い時期にやってくる。霜や薄氷をサクサクとかパリパリとか踏めたときがすばらしい。なぜ気分が上々になるのか、なんだかよくわからないが、いまここでみんなと生きているという手ごたえがあるからだろうか。去年の冬の最高の日は、いくらか雪の降った朝、三百人の声も足音も何もきこえないで、雪を踏む私の足音だけがサッサッとかすかにわかるだけ。霧の中もよいけれど雪の中は、ほんとうにいい。しかし、三月に半年続いたトレーニングが終ると、私は少しほっとして、残り半年は朝ゆっくりしたいものだと思う。一年中、休みなくこんなことをやっていてはたまらない。毎朝、世話をしてくれている十数人の先生方も、きっと同じ思いであるだろうと私は勝手に思い込んでいる。では諸君、半年後にまた。

［『普通部会誌』二八号　巻頭言　一九八〇年］

心の中の未知の部分

自分の心の中を手探りしながらうろ〱歩いているとき、僕は深夜の街の中で見知らない露路が黒くつらなっているような、奇妙に奥の見えない場所に立ちどまることがあります。せめて自分の心の中位、良く知っているつもりだったのですが、いままで気付きもしないそんな場所が、思いのほかそこここにかくされているのを最近知りました。そしてどちらかと言えば、僕の知っていると考えていた部分は僕の心の、それこそほんの一部ではないのかと不安になってくるほどです。案外そんな所に人間の魂というようなものがひっそりと住んでいるのかもしれません。

決して見えないその部分はどこか裏側の迷路でつながっていて、僕の遠い祖先が素朴に生きていた時代の心の隅につなげられているのかもしれません。でも僕はうす暗いこんな部分を大切にしておきたいと思います。どうせ一生かかったところで、ここの部分は僕の理解の外にあるのでしょうが、僕が考えたり、僕が悩んだりしている心の明るい場所よりも、どうもこゝは沢山の僕の夢や僕の生きていく力を生みだしてくれる所らしいのです。

僕はこれからこの部分にそっと種を播くことにします。この種は、毎日の教室や校庭で君達の笑顔の片隅から盗みとったものであるかもしれませんし、君達と屋上で眺めた西の空の夕暮からかき取った小さな赤い粒であるのかもしれません。僕の心の明るい部分が十年、二十年のうちにすっかり忘れはててしまった頃、多分この種はだいぶ大きくなってひょっこり明るい部分に顔をだすでしょう。

そこで僕はびっくりしながら、喜んで生きていくための糧にできるだろうと思っています。

君達もこの心の未知の部分をそっと探してごらんなさい。少し淋しい場所のようですが、君達が人生の道端で何かに感動したとき、きっとこの部分は共鳴を起こして長く君達の体内にその感動を保存してくれるでしょう。もしそれを少しでも砕いて僕にくれるなら、僕はまたそれを種にして、そっと心のあの部分に播きつけてみたいと思っています。

［手稿　一九五三年頃］

朝食

禅寺では、粥座（シュクザ）と呼ばれる。大体、この神冥窟では＊1、おおよその生活規矩は臨済の禅寺に近いが、キリスト教との関係もあり、内容は同じようでも、必ずしも名称は同じではない。名称が違うということは、全体の構造や雰囲気が、どこか違うということでもある。接心と名付けられるここでの八日間の修行も、どこかカトリックの黙想会の感じがある。参加者の半数近くが聖職者で、主にシスター方が来られているのも雰囲気をひとつの形にする大きな要素かもしれない。私の感じでは、いくらかキリスト教的な柔らかさがあり、ゴツゴツした感じがない。ここの接心は、禅寺の接心より遙かに緩やかだと、門脇佳吉師も言われるが＊2、私には、その緩やかさの長所が最近だいぶ分って来た。しかし、真剣さと緊張と、その柔らかさとがうまくバランスが取れなければ接心は成功しない。

さて、朝食。禅堂から直日［当番］に導かれて食堂に入る。すする音も噛む音も、音一切が封じられている。食事作法は細かく定められており、その定められた作法通り隙なく進められる。白粥とゴマ、梅干。沢庵数切れのみ。最後に、一杯の茶と沢庵一切れで洗鉢する。食事中も、呼吸に注意せよと言われる。味わって良く噛んで食べるのだが、食べながらも、丹田呼吸の集中は、坐禅中と同じである。歩いても、食べても、休んでも、眠っているとき以外は、常時呼吸に気持ちを向けていなければならない。この意識集中の連続性が保たれるからこそ、たった八日間の接心中に、驚くべき意識の変換が起こることがあるのだ。日常生活の中では、どうしてもこれはできない。それゆえ、一日ほとんど、しゃべることがない。完全な沈黙と最低限の音の中で静かに動く。視線も下げ、他人のおもわくを気にしないで、自分に取り組むのである。食事中も同じ。

白粥は素朴である。丁寧に炊いた一椀の粥の味は、実に不思議なる味だと思いながら頂く。何が故に、此処での白粥はこんな味がするのか、私にはまだ謎めいていて解けない。どうも味というものも、味覚があるから分るなどというものではないらしい。深く音が聴こえ、深く物が見えるときのように、こちら側の姿勢とあり方によって、深まりが違ってくるということがあるのかな、などと首をかしげる。沢庵についても同じである。私は普段、食べる物を余程、貧しくして食べているような気がする。

＊1　ドイツ・イエズス会司祭フーゴ・M・エノミヤ＝ラサール（一八九八―一九九〇）は一九二九年に上智大学へ派遣され、来日。キリスト教と禅仏教の融合を実践した最初の宗教者。一九四五年、広島で活動中に被爆。広島市郊外に坐禅道場として「神冥窟」（一九六一）を開設した。東京に移った後、一九六九年に東京都西多摩郡桧原村の秋川渓谷に「神冥窟」（村野藤吾設計）を新築した。

＊2　イエズス会司祭・上智大学教授門脇佳吉（一九二六―二〇一七）は秋川・神冥窟の主要な指導者で、香山先生は同師と深い交流があり、イエズス会神学生山岡三治氏（現在、イエズス会日本管区長）ほかと神冥窟の活動を支えた。

［神冥会・記録資料　一九八〇年頃］

少年達は「気合」を語る

この子たちには、眼の玉が一体いくつあるのか、と思うことがあります。勿論その二つは親からもらったあたりまえのものですが、ほかにも思いがけないものを思いがけない角度から見ている眼がどうもあるらしいことに、教師としての私は何かと気付かせられます。そんな眼で見たものが「あの王様は裸だよ」などという一言となって彼らの中から出てくるのです。ひょいと出されてきたこんな一言で、こちら側はまことにギクリとします。テレビなど見てエヘラエヘラ笑っているように見えるこの子たちのどこにこんな三つ目四つ目の眼があって、どこで育てられ、これからもどのように使われていくのか、考えてみれば、薄気味悪い気持ちにもなるほどです。

私のまわりに居る普通部の生徒たちは、十二から十五まで、最近もっとも問題の多いと言われる年頃にあります。

先日、クラブの活動で、五、六人の生徒と宮沢賢治の詩と童話を読んでいたときのこと、話がたまたま賢治の創作力の特異性と作品の不可思議な魅力とは何なのかに来たとき、作品を通してほの見える賢治という人物を評して「行者」ということばが出てきました。そして行者とはどんな人間なのか、行とは一体何なのだろうかというやりとりが続きました。私は急にその場が面白くなっていました。身をのり出して面白がり、司会の役割まで取り始めた私には、面白がる多少の理由があったように思われます。何故なら、現代でおよそ、おとなにもこどもにも馴染みのない「行者」などということばに興味をひかれてしゃべり出す彼等に私が驚いたこと、意外な奥行きで人間の姿を捉える少年たちの洞察力とは何なのか、もう少し立ち入ってその風景が知ってみたくなったことなどがあったかららしいのです。

このおしゃべりに参加した少年たちは、何もとり立てて言えるほどの才分を示す人物とも言えない、ごく普通の子どもたちに私には見えていました。

子どもたちは、「行」についてのさまざまな断片的な印象を、話の場にほうり出します。やゝしばらくのそんな話のあとで、続いて「行」というものの底に流れているらしい「気合い」ということばに、これまた、あゝも言える、こうも見えるなどと、にぎやかでありました。こゝで、このきれぎれのことばを、以下に並べてみましょう。みなさんはどのようにこれをお読みになるでしょうか。

肉体的苦痛、それ一筋に打ち込む、勝つ、勝ち負けを越えて、鍛える、堪える、無償性、ガムシャラ、半端では駄目、楽しみでは駄目、他人のため、誰かのため、何かのため、油断なし、幼な子、おぼれない、謙虚、みかえりなし、チヤホヤに乗ると駄目、断食、精進、質素、満腹は駄目、ビフテキはたまで少しならいい、お酒駄目、早寝で朝日がのぼる頃起きる、地味、目立つは駄目、薄着で風邪などひかない、独身、クーラー駄目、大きな家駄目、お祈り、お百度参り、澄んでいる、雑念なし、馬鹿々々しいオカシサ、ピッタシ、シャキッ、冬山に登る、ゲレンデスキー駄目、スポーツたいてい駄目、マラソンはいい、禅寺、修道院、不協和音なし、無意識のうちの自己コントロール、何も考えない、すごく大きな目的だけ残っている、ヤッテヤロー、冬の朝のランニング、寒稽古、肥満は駄目。

「A選手はどうかね」

「ホームラン、すごい。でも、きちんと練習をしてた頃はよかったけれど、コマーシャルに出るようになってからは……」

「有名なB選手は」

「まわり見ているから駄目」

「もともと駄目」

「お金もうけ始めたら、もう駄目」

「気合い」と、その周辺にあることばは、以下のようになりました——。

心、精神力みたいなもの、腑抜け（気がボヤーン、頭が春、脳みそルンルン）の反対、ピシッ、事故起きない、風邪引かない、緊張しすぎのピリピリ駄目、まる味あり、弾力、アンテナむこう向いてる、凛としている、おぼれない、無心、灼熱、ピンと張る、赫、紺、青、藍、白。

私は最近、「重層信仰」という捉え方に関心を持ちます。例えば私だったら、無意識の底の底にはアニミズムもシャーマニズムもある。ですから火の神、水の神、たゝりの神などがうようよしているということです。そのちょっと上には祖先崇拝も、神道的な穢れを忌む感じもある。さらにその上の層は、次第に仏教的な色彩が強くなって、その上の一番てっぺんにキリスト教が乗っかっている。ですから私のキリスト教などは、まことに観念的思弁的と言われても仕方がないと思っています。イザヤ・ベンダサン氏のいう日本教キリスト派とでも言いましょうか。私が信者になろうとしたとき、すべて下のものを切り捨てなければならないのかと思ったけれども、実はそんなものではないのであって、全体まるごとのまゝでカトリックの信仰を持ち得ると信じました。なぜなら、生々しい祈りの実体験は、異なった宗教でもさほど違うものではないようだからです。

こんな面から、この子どもたちの「行」に対する印象を見てみますと、ことばはまことにばらばらではありますが、このことばの万華鏡で映し出される「行」というものを通しての日本人の宗教感覚は、汲めども盡きない興味を私に引き起こしました。どうも子どもたちは、その上っつらの表情はいかにあれ、僕の家、みんなの学校、奇妙な世の中、おとな、文化、歴史と、彼等自身の成長についての私たちの心配や不安をよそに、四番目ぐらいの眼の玉で、無意識にキラリチョロリといとも正確に見て取っているもののように思われます。皆さんはいかがご覧になりますか。

〔手稿　一九九二年頃〕

かすかなひとこと、「助けて」

人が人に向かって「助けて」ということがあります。進行中のおしゃべりとは関係なしに、その奥でつぶやかれている小さなことば。あるかなしか、かすかに「助けて」と伝えている。もしこちら側が、そのかすかな「助けて」を聞き落としてしまったならば、両者の関係の正しい姿は、そこでもう終わってしまったのだと言えるでしょう。

「あのとき、もう少し大きな声で言ってくれたなら……」。われわれには、深い痛惜と悔恨の思いで、そんな情景を振り返ることがあります。

こんなとき、「助けて」とつぶやいたその人は、よりはっきりと、このひとことをいうべきだったのでしょうか。それとも、対者としてのこちら側が、そのひとことを、より静かに深く聞き取るべきだったのでしょうか。

気弱さというか、慎重さというか、われわれ日本人は、本音丸出しでしゃべる、などということは日常まずはありません。でも、本人が自覚しているかいないかにかかわらず、本音はその人の意識の底で、何時も活発に動いているものだと思います。

本人は、もともと自分は不出来な発信機であると思っている。だからこそ、本当の自分らしさを、小さなサインで、なんらかのメッセージで、発信してみたいと願っている。それもその人の本音です。それだからです、意識するともなく、人はふと、小さなサインのキイを押してしまう。しかも、目の動き、声の高さ低さ、小さな所作、しぐさ、己という発信機の末端まで、意識もせずに、一緒に使ってのことなのです。

しかし、それでもなお、他人には、かすかであるが故に、信号が小さすぎるが故に、見落とされ見過ごされる。そして人は、いくらかは淋しく、ふっと、人とのつきあいとはこんなものだろうとも思う。傷つかないように、きずつけないように、お互いさりげなく生きている。ここに、ただ率直さだけでは生きていけない、いまの時代の人間の痛々しさを思います。

さて、われわれはここで、人間のかかわりというものを、「分かち合い」とは何か、という角度から検討してみようとしています。さきほどの、人のかすかな「助けて」がこちら側に聞き取れなかった場面。この場面は、こちら側が聞き取れなくて当然とされる状況だったのかもしれません。しかしもし、こちら側がその「助けて」を聞き逃さなかったとすれば、この両者は、全く違った新しいかかわりに置きなおされるかもしれないのです。「関係の正しい姿」はあるのです。人が「助けて」を、かすかに発信するということ。その「助けて」を聴き取る耳があり得るということ。そこに全く新しいかかわりが成立するということ。それらは不思議なことです。神秘的でもあります。敢えて言えば、これは霊的な体験です。特に、ふと、そこまで聴き取れてしまった、ことがです。

まず、アンテナで、最深部からのそのひとことをキャッチする。人はどうであれ、そのとき、その場での、この自分がです。このキャッチという臨床的行為が、体験として、はっきりと自覚できないかぎり、人間関係研究のためのどんな仮説、どんな理論も、探求の道具として役立つことはないでしょう。与えられた時間の中で、まずは眼を据えて、この「小さなことば」を、他人と自分の中に探すことから始めてみようではありませんか。

［カウンセリング　手稿　一九八五年頃］

坐禅と景色

カトリックの禅道場、秋川神冥窟は武蔵五日市から秋川渓谷に入ったその奥、小岩にある。山あいの禅堂は、春夏秋冬いずれの折も人間の気配の外だ。

ここでのいく日かの生活は、沈黙から出発する。日数は短いながら、当然禅寺での生活に近い。朝は暗い早朝の坐禅ではじまる。朝ミサにあずかれる。簡素だが、たっぷりの食事。講話。侵されることのない禅堂の静寂。作務（労働）。そして坐禅が続く。

できすぎと思えるほど良くできたこの舞台のうえで、演ずる私達は視線をやゝ下げて、スッスッと歩く。私は両側にガラス窓の長く続くこゝの廊下が好きだが、毎度、訪れるたびにこの長い廊下とは私にとって何なのだろうかと、ふと想ったりする。

この建物ができてすでに十年。国内外の数多くの司祭方・シスター方が坐禅の体験を持たれたという話だ。二つの世界宗教の接近が、相互の神学上の類似点の比較検討によってはかられるのではなくて、体験を重視する実践によって目指されていることに深い関心をそゝられる。しかし、その接点はいずこいかなるところにあるのか、などと坐禅での極度の意識の集中のあい間にひょいと考えた。

さて、こゝでのいく日かの接心が終る頃、いつからか私は気付いた。庭前の一本の草も小さな花も、見上げれば山の木も空の青さも、そのたゝずまいにいずれもなんの曖昧さもないという不思議さについてであった。何か、ものがありありと見える。緑ならその緑、白ならその白。姿かたちもどこかくっきりとして、日常生活での眼に映る色やかたちとどこか大きく違っている。向うからは立ちあがってやってくる、こちらではこちらの眼が吸いついていくという実感がある。冬の夕暮れ、接心の帰り道で見上げた欅の巨木には、木の葉一枚なくて、大ぶりに一面拡げられた枝は空にちりばめられ、ささっていた。この状景は私のスクリーンに焼きついたまゝである。

雑然とした都会の生活での私は、あれこれの小さな悩みごとと付きあいながら生きている。学校での気がかりな少年のこと、家の中のこどものこと、身近の病人、人との約束。とてもとても、姿勢を正し、呼吸を整え、意識をいま、こゝに、というところに集めて心静かに歩むなどということはできることではない。とつおいつ、さまざまな想いをめぐらせて、何かせかせかと動いている。心こゝにあらず、うわのそらで歩いていると言ってもよい。見れども見ず、聴けども聴かず、食らえどその味を知らず。まさにそんな毎日が続いている。

このような濁りかすんだ私の眼がふと花屋のウインドに向けられたとしても、折々の花の大盛りの、ピンク、黄、赤、紫、それなりに見事で楽しいとしても、こぼれるようなその華やかさは、やはりこゝの禅堂での一輪の花にはるかに及ばない。どこかで作られた色彩という感じがして、とても冴え冴えと心に浸みるというわけにはいかない。なじまない小さな違和感が、私の中をかすかによぎるのである。

能登の荒れた海辺を夜十粁も走ったことがある。阿蘇の旧火口の赤い壁を見ながら火口の底の村を走ったことがある。その風景はまざまざといまも心に浮かぶ。これも禅堂での意識の集中とどこか似ているのだろうか。私にはこれらの体験の不可思議さが、いまだ解読できずにいるのだが。

［神冥会　手稿　一九八〇年頃］

三つ目と四つ目の眼

わたし達には、それぞれ四つの眼があると思っています。毎日使っている表面の眼、もう少し深い所を見ている二つ目の眼、めったに開けることのない三つ目の眼、決して自分では開けることのできない四つ目の眼。

エンカウンター・グループの中では、三つ目の眼が開くことがあります。この三つ目の眼は、普段は閉じていますが、柔らかなアンテナが充分に伸ばされた時、開くことがあるのです。そう、ひととしての感度が良好な時にそうなるのでしょう。この三つ目の眼は、一人の人のものが開きはじめると、どういうことでしょう、ほかの人の眼も連動して徐々に開いてしまうのです。そこが本当に不思議なところです。三つ目の眼が開いてしまうと、結局全員が三つ目の眼を使って、見たり、聴いたり、語ったりします。ほかの人がくっきり見えてしまうのです。人間の深い問題が、しみじみ話せる時です。一人も欠けることなく他人の世界にそれぞれ触れた実感があり、その実感は誰も疑うことができません。

四つ目の眼というのがあります。普通では決して開くことのない眼です。最も深いところが問題とされる「観る」眼です。多分、この四つ目の眼は、わたし達自身のものではなくて、向う側の眼なのかもしれません。しかし、これが肝心のところなのです。開けようとしても開かないが、自分が向う側に身を投げた時、静かにこの眼は開くのです。そこは違った風景なのです。回光遍照の世界と呼ばれます。グループとはそんなもののようです。

〔カウンセリング　手稿　一九八五年頃〕

損得勘定か無垢のひたむきさか――善きサマリア人

善きサマリア人の譬え話というのがルカ福音書［ルカ10・23―37］にあります。よく知られた有名なところです。イエスは、永遠の救いについて問う一人の律法学者から試されます。「なにをしたら、永遠のいのちを受け継げるのでしょうか」、と。イエスが「律法には何と書いてあるのか。あなたはそれをどう読んでいるのか」と言われると、学者は答えます。「心を尽し、精神を尽し、力を尽し、思いを尽して、あなたの神である主を愛せよ、また隣人を自分のように愛しなさいとあります」。イエスはうなずかれ「それを実行しなさい」と命じます。するとこの学者は、「ですが、私の隣人とは誰のことですか」とさらに問いかけました。そこでイエスは、この善きサマリア人の譬えを語り始められます。

盗人の群に襲われて半死半生で倒れている人を、道の向う側から振り向きもしない祭司とレビ人に対して、とことん介抱してしまう一人のサマリア人の話です。傷の手当てをして宿屋まで運び、翌朝に宿の主人に銀貨二枚を預け看護を頼み、不足分は帰路に払うとまで言って、出ていったというのです。

イエスは言われます。「傷ついたこの人の隣人とは誰なのか。同国人の祭司かレビ人か、それとも異教徒のサマリア人か」。学者は答えます、「その人に憐れみを示した人です」。イエスは言います。「では、あなたも行って、同じようにしなさい」。これが、聖書にある譬え話の箇所です。

私は前々から、この個所を何回もただ聴き流し、読み流し続けてきていました。ああ、これが有名なあの話ね。しかし、どこか腑に落ちないいんだなあ、と思っていたのです。だいたいこの話は、当たり前と言えばまことに当たり前の内容のように一見見えます。何しろ聖書には、愛についての話はあまたあるわけで、私には何故ここが古今の人にしばしば取り上げられるのか不思議でありました。ところが先日ふと気がついてギクリとしたのです。

「ですが、私の隣人とは誰のことですか」の箇所です。ここには、私の隣人とあります。多分、彼は身のまわりの人を思い浮べては、隣人ということばを貼りつけてみたにちがいありません。親しい人、関わりのある人、少し距離の遠い人。そして、どの範囲までなら私の隣人と呼べようかと思案したのだと思います。これは現代の私たちにとってもよく分る分析法であります。私たちも、その範囲をより拡げることが人の善意というものだ、などと考えているのですから。

私のギクリのもとは、全く違う観点からこの隣人の意味を見ることにありました。イエスの言われる隣人とは、こちら側の思考操作や計算を一切含まない、まことに単純な、隣りの人、出会った人、という意味かもしれないと考えなおしたのです。そう考えてみるとちょっと理屈になりますが、私の隣人と措定する意識の動きがまずあった上で、その選ばれた人に対してのこちら側の行動が起される場合と、ばったり出会った人に対して、前提一つなく行動が起される場合とでは、月とスッポンほどの違いがあります。前者の姿勢には損得勘定があり、後者の行為は無償です。

後者には祈りにも通じる無垢なひたむきさがあります。イエスの「行って、同じようにしなさい」には、確かに主客を転倒させるだけの力が見えます。ですから、この譬え話は決して善行の勧めであるわけではないのだ、といまさら恥かしながら思い至ったのです。

そこで私は、私たち教師の仕事をこの点から、もう一度丁寧に見直して見る必要がありそうに思えてきたのでした。どうも私たちは「私の……」から出発する損得勘定ばかりを教室で教えているような気がします。「良く考えなさい」などと言いますね。善きサマリア人は良く考えてからそのことをしたのでしょうか。多分、そうではなくて、ただ夢中でしてしまったのだ、と私には思えてしまうのですが。

〔教会　手稿　一九九〇年頃〕

体験と経験と——「いま　そして　ここ」

人は過去の体験を体験として語ることはできない。私が「体験を語っている」と思っていても、実は、過去にあった私の経験を、いまの私が語っているにすぎない。私が登場したのだった、あの舞台での私の体験は、遥かに遠ざかってしまっていて、いまの私はその幻を語っているに過ぎない。それがたとえ、ついさきほどあった、キラキラした体験であろうと、血の吹き出るような深い「傷」の体験だろうと、それはもう遠い過去と同じ。いま、ここ、と何の関係もないことなのだ。およそ弓道とは言えないけれども、私は自宅の三和土に巻藁（弓俵）をおいてひたすら矢を番え矢を放つ稽古をながくつづけた。好きだろうと、嫌いだろうと否も応もなく、「いま　そして　ここ」が体験の舞台なのだ。

鏡に映る像は、過ぎ去ってしまえばそれで終わり。二度ともどってくることはない。たとえ別離がどんなにつらくとも、取りもどすすべはない。もうそこには新しい像が映っている。苦しくとも「過去を」振りはらって、新しい像に付き合わねばならない。しかし新しい像の「所」には、いつも神がおられる。神は、いま、ここのところにおられる。神に出会おうとするならば、いま、ここで、勝負をするよりない。いまの一瞬を見すごしてはならない。

その　いま、ここ、を聖書では、神の国、天国と呼ぶ。

「刈り入れまで四ヶ月もある」と人々が言うとき、キリスト・イエスは「目を上げて畑を見るがよい、色づいて刈り入れを待っている」と言われる（ヨハネ4・35）。すでに種は播かれており、色づいており、刈り入れる人は報酬を受け、永遠の命に至る実を集めることができる。それは、いま、ここ、でなのだ　here and now であり、there and then（あそこであのとき）ではない。ここは「永遠のいま」と呼ばれる。

［教会　手稿　一九九〇年頃］

普通部授業資料　抜粋――一九九〇年／一九九二年／一九九三年

普通部一年E組　所属の「あなた」に

できることなら、この資料は、あなたの部屋のあなたの机で読んで下さい。

凩（こがらし）の果はありけり海の音　　言水

旅に病んで夢は枯野をかけめぐる　　芭蕉

去年（こぞ）今年貫く棒のごときもの　　虚子

この三つの俳句は、お話ししましたように、いまの私にとって、とても大切なものです。諸君はあのとき、実に静かに真剣に聴いてくれました。それが私によく分かりました。私には、どうしてこんな状況が一年生の教室で起こるんだろうと、とても不思議に思われました。なぜって、この話は、とてつもなく難しい内容だと普通は思われるはずだと、私は考えていたからです。

最後の最後の授業の、そのまた終りのときに諸君が見せてくれた「ホンモノ」に私は驚きました。

その次の日から三日間連続で、クラス日誌に、A、B、Cの三君が「これ」について感想を記してくれました。それを読んで私はまた驚きました。何故なら、三君の短い文章が、私の伝えたかったことを、三人なりに形は違うのですが、正確に映してくれていたからです。

この秋、私は「教師になろうとする大学生諸君」に対して、講義をします。「これ」を使おうと考えました。そこでお願いです。どんな形の感想でもけっこうです。短くても長くてもかまいません。「あなた」が感じていることを書いていただけないでしょうか。

勿論、公表時、名前を出すことはありません。［普通部教員生活の］最後のお願いです。原稿用紙には、氏名がなくともけっこうです。

［普通部　授業配布資料　一九九〇年］

普通部　自由選択授業「坐・瞑想」＊1

禅寺訪問

目的地　A寺（住職）B氏
静岡県御殿場市

日　時　一九九二年（平成四年）十一月三日（火・祭日）
A寺にて5時間ほどゆっくりさせてもらいます。

（集　合）場所　横浜駅　東横線　プラットホームの階段を降りた所
時刻　十一月三日（火）七時四〇分（時刻厳守のこと）

（往　復）往　東海道線　横浜発　八時〇六分　熱海行　国府津着　九時〇〇分
御殿場線　国府津発　九時一〇分　御殿場着　一〇時〇六分
御殿場駅からA寺まではタクシー分乗

復　御殿場発　一五時三六分　横浜着　一七時三八分

（交通費）　横浜―御殿場（片道　一、四二〇円×二　往復）
　　　　　　　　　　他、タクシー分乗代金

（諸注意）　昼食、坐りやすい服装持参、少々寒いと思われます。
　　　　　参加者は来週中に左記の参加申込書を香山まで提出。

………………　キリトリ　………………

禅寺訪問　参加申込書

平成四年十一月三日の禅寺訪問に参加希望します。

三年　　組　　番　　氏　名

保護者　　　　　　　　　㊞

［普通部　授業配布資料　一九九二年］

三年生　「坐・瞑想」受講生のみなさん

一年間、ご苦労さまでした。よくこんな不思議とも言える科目につきあってくれたものですね。私はこの世の中で　こんな自由選択授業をやらせてくれて、また受講してくれる生徒がこれほど多くいる普通部で私が働けたことを誇りとも思い、深い感謝の念を持たざるをえません。それなのに最後の最後の時間に諸君と一緒に坐ることができませんでした。とてもとても残念でした。急に高熱が出て病院に行かねばならないことになったからです。あちこち故障の多い私は情けないことです。

これで二年間だけやれた「坐・瞑想」もすべて終わりましたね。ほっとしたところもありますが、お寺のBさんや、生徒・参加者のX君やYさんほかの諸君に支えられて、まずまず期待通りのことができたと深い喜びがあります。レポートを見ました。諸君の体験は貴重で本物です。私の宝物にさせてもらいます。記録用紙は私の手もとに置いておいても意味がありませんので御返却します。アルバムにでも貼っておくと思いがけない記念になりますよ。ではお元気で、またどこかで、気が付いたら隣で坐禅をしていたなんてことがあれば面白いですね。

私も少しでも長生きをしましょう。［この三月にて慶應義塾普通部を退職いたします。感謝とともに］　さようなら。

＊1　慶應義塾が神奈川県藤沢市に総合政策学部・環境情報学部を新設した時期に、普通部は新しい教育体制の構築を目指し、斎藤公一部長のもとで一九九一（平成三）年度より二年生・三年生に「自由選択授業」を順次設置した。この授業は、新しい視点でのコンピュータ技術の理解、英語コミュニケーション、文化・芸術体験を用意し、普通部生の主体的な参加を求めた。香山芳久先生による「坐・瞑想」も、その一環をしめる「自由選択授業」科目として実行された。一八九〇（明治二三）年の普通部開設から一九九一（平成三）年の自由選択授業設置をふくむ詳細な普通部史「普通部略年表」は、下記を参照。『目路はるか　慶應義塾普通部百年誌』慶應義塾普通部百年誌編集委員会編、慶應義塾普通部、一九九八年。

［普通部　授業配布資料　一九九三年三月］

「ユング派と私」——河合隼雄氏の最終講義をめぐって

河合隼雄氏はこの講義の中心に、「constellationとは何か」をおき、受講者にピンとこさせるように論述を進める＊1。こゝではまず、この講義の要約そのものを述べることから出発しよう。

およそ、学問的な内容を他者に伝え、理解してもらうためには、まず「概念」とその「意味」というものを言語で組み立てて、その概念ブロックを、論理と因果の糸に充分注意しながら立体的に組み立て、さらに積み上げる。その操作と作業を通じて、こちら側の考え方の立体構成を示すのが学問的な必要条件で、近現代的な方法であると考えられている。しかし、「理解する」とか「分る」とか呼ばれる人間にとっての深い体験において、このような知的合理的なやり方が十分条件であるわけではないし、また唯一の方法であるとも思われない、と河合氏は、因果律と合理的論理性に充分なる敬意を払いながらも、異議を申し立てる。こゝにこの講義の、一見して易しそうで、しかし理解のなかなかに難しい一つのポイントがある。

例えば芸術的な領域では、それぞれの領域に、それぞれの中核的部分に直観的直覚的な参入がなければ、その作品の奥に全く入って行くことのできないところがある。知的探索では歯が立たない、神秘的な世界である。勘が働かなければ「ピン」とこない、結局、何の感動も伝わってこなかった、という場合である。詩にせよ、音楽にせよ、絵画にせよ、一つの優れた作品には、そのどこかに見えない秘密がかくされていて、それが「ピンと分る」とき、その扉が開かれて、その感動がこちらの世界に流れ込んでくるという具合だ。河合氏はこれを「気配を見る」眼と呼び、長新太作《ブタやまさんたら ブタやまさん》を使って述べる。

まさに、河合氏は河合氏の伝えようとする、河合氏の思想の constellation（布置、おかれ方、星座）を受講者が、勘を研ぎすまして「気配を見る」眼で「イイ時に振り向く」という態度でついてくることを受講者に要求するのである。ピンと来ない人は、こゝで門前払いとなる。ピンと来ない人は、もともと「イイ時に振り向かない」のだから「易しそうだけれど、さっぱり分らん」ということになる。「ただそよそよと風が吹いているのでした」などとなって、追いかけて来たバケモノたちをがっかりさせることにあいなるのだ。

また、「易」という言葉にひっかかったその駄目カウンセラーは、その一人の韓国人学生の内的 constellation を見損なう。情動のゆらめいている深い心の層の「気配」を見ていないからだ。「イイ時に振り向く」、「気配」を見てとるのは、その一瞬、因果の結果ではなく「共時的」に起るからだと彼は主張する。さらにまた、母親のノドにひっかかった鯛の骨、手をつぶしそうになった車のドア、ここには表面上「原因結果関係は何もない」のに、河合氏はその事象から自分自身の中にある、日本文化に対しての攻撃性を見てとった。自分の個性的なるものをがんじがらめにして吸いとろうとする、と自分には見えてしまう「日本的母なるもの」の「原型」に対する自分の拒否の深い動きに彼は「気付く」。近現代的思考の中心に置かれている因果律とか合理的論理とかは、機能的で便利なものだ。しかし、不登校のこどもに、犬が居るから、先生が怖いから、などという原因追求をさせる父親は、「ナゼ」、「ドウシテ」という「操作ボタン」ばかりを探し、探させる。操作ボタンを「ワンタッチ」することで対象を動かそうとする。実は、その父親自身の、表層の因果のボタンだけを探す態度にこそ、そのこどもに不安を生じさせ、学校に行けなくさせる重要なカギとなる愚かさがあることに、父親は気付いていない。「振り向き」もせずあたりは「そよそよ風が吹いている」だけである。

心の表層に見える一見 constellation らしきものの下に、真の constellation があることに洞察がなければならない。一人の人間の心の中にその重層性があり、また家族、社会、民族の文化にもその constellation の重層性がある。その重層性の「意味」を悟ることが大切なのである。

ユングが描いた絵の中に、意外にもチベットのマンダラと酷似していたものがあったという例は、個人的無意識の底に、人類の深い智恵がひそんでいることを示している。われわれは自己自身の無意識の底に、他者や対象にも、その奥の奥に謙虚に深い「気配」への眼を向け続けなければならない。

このconstellationというものを「ことば」で引き出してくれれば、時間軸にそって一人の人の共時的ドラマが「もの語られる」。大きな文化のconstellationからは「ことば」、「神話」が引き出されてくる。逆に物語り、神話をたどれば、一人の人の、民族文化のそれぞれのconstellationにたどりつく。そのためには、鋭い感性と、よく研がれた知性がなければならない。虚心に無心に「何もしない」で聴くとき、われわれはさまざまなconstellationが、感動をもって伝わってくることを知らねばならない。

河合氏の講義を使って、受講者である私の捉え方も同時に述べた。「何もしない」でconstellationを「気配」で分るためには、大変な修業が必要である。まず、一人の人、自分自身の中にキラメク星のキラメク星があることを信じなければならない。自己喪失に悩む現代人には、己れの空に輝く星のキラメキは見えないだろう。ユング心理学には、信仰とか、宗教とかは直接出てこないが、キリスト教や仏教で扱われる側の世界から伝えられてくる洞察と知慧が間接的に読みとらされる。「地球は一つの生命体」であるという環境論からの一つの仮説は、ユング派の立場なしには成立しないだろうと、私は考えている。

＊1　河合隼雄（一九二八―二〇〇七）はユング派の臨床心理学者。京都大学教授を務め、その退任に際して「コンステレーション」と題する最終講義を行った（一九九二年三月）。講義内容は、河合隼雄『物語と人間の科学』（岩波書店、一九九三年）、また、同『こころの講義』（新潮文庫、二〇一三年）に所収。

［手稿　一九九七年］

八歳からの手紙

ディズニー映画《キッド》（二〇〇〇年）を観ました。ブルース・ウィリス演ずる主人公は一人の中年男です。あわただしく生きる彼は、一人で邸宅に住み、過去を切り捨てて振り返らないのが信条です。とはいえ彼は、女性のいたわりの一言にも向きあえないし、また、ぎこちなくそんな局面を避けてしまうのです。

ある夜半、突如一人の少年が彼の前に現れます。愛らしいこの少年こそ、実は主人公の八歳のときの自分自身なのです。医師処方の薬も、この少年を幻覚として追いやることはできません。こゝに奇妙な男と男の付きあいが始まります。口八丁手八丁で修羅場を駆け抜け、まずは成功のこの男も、少年には手を焼くのです。少年はたゞまっすぐに切り込んできます。「僕たちの夢」が何一つ実現していない、犬を飼う、素敵な奥さんがいる、パイロットになる。責められる主人公は不機嫌です。さらに少年は「君の眼の下の、その痙れんは何なの」とまで言います。ときに時間軸は昔に戻り。いじめられっ子の少年は三十年後のこの主人公に助けられて、いじめの連中と見事に戦います。本来、映画でも過去をいじるのは鉄則破りなのでしょうが。

この映画の軽妙な結末はさておいて、このうろたえる主人公の変貌ぶりに、筋書の甘さはそれとして、私は妙に納得するところがありました。唯一頼みの彼の「信念」がみるみる蚕食されて、彼本来の顔が迫り上ってくるからです。愉快なのが彼の戸惑いの表情。切なくても懸命に生きていた八歳の自分がいまこゝに居る。捨て切れたと思っていた見果てぬ夢、それらの願いがこちらの側にまだそっと生きていた。この困惑している中年男ならずとも、このことはわれわれにとってそう小さなことではなさそうです。

さて、話は飛んで、年末の「静かに考える会」合宿での夜、私のグループはローソクの明りで「私って何?」を課題として考えました。八歳のあなたが十九歳のあなたに手紙を書く、という私の提案にみんなすんなり乗ってくれて、それぞれが八歳に戻って書くのです。こゝに二人の方の手紙の一部を挙げます。

「お姉さん誰? 十九歳の私? 八歳の私と全然違うのね。いっぱいお荷物しょってるように見えるよ。そんなんで思いっ切り走れるの? ……一体、何があるの?でもいいよ……きっと変わってないよ……私がかわいそうだよ……分かる? ……過去をふり返るにはまだ年が若いよ。それにお姉さんは、ステキだよ」。

「すごいねえ。私はね、アイスクリーム屋さんになりたいの。あれこれの色のを作るんだ。にじ色や青やピンク、おねえちゃんはアイスクリーム好き? ねえ、……何かあったの？ なんでもいいよ、聞くよ。うわっ！ 耳に星がついてるよ。……穴があいてるの？ 痛くないの、ピアスか……疲れた顔して……それとも花屋さんかな……色々夢は……ねっおねえちゃん！ これあげる。しゅりけんだよ。キラキラの折り紙で作ったんだ」。

一体、八歳とは何なのでしょう。八歳の見ている世界とは何なのでしょう。八歳とは記憶にあるだけのものなのでしょうか。それともこちらの世界に八歳が住んでいるのでしょうか。この手紙は八歳が書いているのでしょうか、十九歳が書いているのでしょうか。それとも八歳と十九歳との合作なのでしょうか。この文章を読み解くのは至難の技です。こゝには、この私の鈍さが一気に研がれていく痛切さがあります。まことの八歳は、キラキラのしゅりけんそのものです。さらにさまざまのことばに出会って、私はその先が読めなくなってしまいました。今回の「静かに考える会」のテーマは、「呼ばれています……気づいていますか」でした。私の想いの底には、いのちへのいとおしさと切なさと、いくらかの悲しさがあります。

［手稿　二〇〇一年］

カウンセリングと教育の接点──新しい自己の発見と信仰

はじめに

皆さん、夏休み中の貴重な時間を使って、こゝにおいで下さった。そして、教育相談と言いますか、生徒との一つの向きあい方について考える研修会に参加して下さった。私には大変ありがたくうれしいことです。

私にはカウンセリングという言葉は、どうもあんまりなじみが良くありません。大体、カウンセリングというのは横文字でしょう、カウンセリングと言えばカウンセリング心理学ということになる、いまはやりの心理学なんです。何故カウンセリング哲学でなくて、カウンセリング心理学でなければならないのか、私には良く分りません。心理学と言えば、当然、心理学的な構造認識の上で人に触れることになりますよね。どうも私には、それがちょっと具合いが悪い。人間の深い部分に触れるにしては、どこかうさんくさい姿勢だぞって思っているわけなんです。こんな前提のうえで、私は私の最近の姿勢をお話ししてみようと思います。

この場所では、われわれはカウンセリングということを学ぼうとしているわけですから、なまの自分を見るという形がいい。知的な話はカウンセリングの勉強では、あまり効果的ではないとも言われますよね。講演会なら別ですけれど。と言いますのは、知的な話になると、われわれはどうも頭でばっかりで考えてしまって、深い部分で人に触れるという感じがピンと来る、ということにはならなくなってしまう。そこで導入のカリキュラムには、エンカウンター・グループのような直接体験に訴えるようなものがいいわけなんです。でも、私は今日のこの会を持つために、板東先生と二回ほど打ち合わせをしました。二回目でやっとその方向が探れたのでお話ししてみたら、「まあ、いいかもしれない」というご意見をいたゞいたので、こんなかたちで始めさせてもらっているわけなんです。これでうまくいくかどうかは、全く分りません。で、今日の話、途中で皆さんが眠くなるようなことになれば、形を変えるということにして、また、途中で、ある所で切って見て、ご意見を伺うようにしましょう。皆さんの側からもいろいろなご希望を出して下さるとありがたい。どうぞ自由に、話しの途中で手を挙げて下さってもよろしいのです、どうぞ。

私の今日の進め方は、私にとってとても重要な意味を持っている具体的な私自身の体験からお話ししてみることにします。こゝでみんなで何かをする、という形にはなりません。抽象的な話にはしないつもりですが、こゝでみなさん一人一人が体験を得るということにはならないでしょう。でも明日まであるわけですから、後半は、体験学習ということにしましょう。まあ、二時間の話、間に休み時間を入れて、私にとってなかなかに難しい問題点をお伝えしてみたいと思います。

一．カール・ロジャーズ（一九〇二―八七）を学ぶことから

私はカウンセリングの勉強を始めてから、もう三十年近くになります。アメリカの臨床心理学者ロジャーズから勉強が始まったわけです。私自身のカウンセリングに対する姿勢も、その理論構成も、さらに私自身のさまざまなバックグラウンドも次第に変化をしてきているわけですから、そういうことも正直にお話ししてみたいわけで、また、私のなまな悩みそのものもお伝えしなければと、思っているんです。私はこの間入院して、大分大きな手術を受けました。大腸の癌です。入院する時は、あゝもうこれで駄目かな、なんて思ったんですけれども、お医者さん方に励まされて、まあ、この位元気になった。ですが、ベッドの上で、人間の生き方なんかについて、止むを得ず思いめぐらすことになって、今日の話もそんな所から一つスポットを当てて見たうえでの内容になります。

カウンセリングには、一体どんな立場があるだろうかといえば、まあ、いくつか挙げることができるでしょう。まず精神分析派がありますね。フロイト派、ユング派、その他そ

こに源流を持つ諸派。それぞれ関連の深い仮説を持っている。お医者さん方には、この立場の方が多い。次にロジャーズ派。日本のカウンセラーの七割ぐらいの方はこの系統に属するんじゃないかと言われていますが、さてどうでしょう。ロジャーズ派は踏み込みが柔らかいから、日本人の好みに合っているのかもしれません。もう一つ挙げます。この頃ですと行動療法の立場に立たれる方もずい分とおられます。行動主義心理学に立脚したこの立場も、決してそう機械論的な仮説に立たれているわけではない。大体、行動療法の方は、人間の内的な構造に対しての仮説を立てられませんね。例えば分析派だったら、子供時代に受けた心理的な傷がある、という仮説を立てる。そしてそれを如何に癒すかが問題とされる。しかし、行動療法の方々は、そんな仮説は立てない。人間はブラックボックスで、われわれに分るのは、インプットとアウトプットだけだということになる。オネショの治療ということになるならば、現象的にそれをどうするかということだけで考える。徹底的に環境と個体との関係、現象そのものの表面に現われるサインを調べる。そして何がなされればオネショが止まるかを探っていく。オネショは止まったけれども、チックが出て来たとなれば、そのチックについて同じように考えていく。そのうちに体は何かを学んで、ある自発的な動きの中で症状は消失して行く。この立場は、人間の体そのものの重視ということがあって、他の心理面重視の立場よりも私には興味があるんです。

体を重視するかしないかという点から見ると、ロジャーズ派はあまり体を重視しないようですね。また分析派もユングは別でしょうけれども、あまり体を重視しているようには見えません。無意識が問題にされるから、体について考えないはずはないのですけれども、どうもそのようには思われない。心理的な動きが中心になっているようで、積極的に体そのものに働きかけて行くということは少ないのではないかと思います。具体的な治療場面では勿論いろいろなことが行なわれてはいくのでしょうけれども。いま理論的仮説を持つ三つの派を挙げましたけれども、それ以外にもいろいろな立場の方々があるようです。論理療法なんて方法ですと猛烈な議論をさせて、それを治療に結びつけていくなんていうのもある。びっくりしちゃうようなのがあれこれありますね。どうして欧米人というのは、あゝもユニークな理論をひっさげて、とっかえひっかえ登場してくるんでしょう。私には至極不思議ですけれども。それがまた日本に輸入されてくる。何だかいつも、俺が、俺が、と出てくるような気がします。この点は先の方での話と関連があると思いますが。こゝでは、ロジャーズです。

ロジャーズから出発した私が、ロジャーズの悪口を言うなんてことは許されないような気がします。何しろ、ロジャーズの観点が私の中で一つの転機を起こさせてくれたんですから、深く感謝もしています。でも私はいま彼の立場と大分離れたところに立っているような気がしています。さて、ロジャーズの背景には当然のことながらキリスト教があると私は思います。彼は若い時、キリスト教の研究をやっているんです。キリスト教でいう愛というものがロジャーズ理論の中にあると私は思うわけです。それではロジャーズはキリスト教の聖書を基盤にして、ものを考え、論ずることがあるのかと言えば、そういうことはない。そういうことにはなりません。私にはそこがとっても不可思議ですね。何だかどこか彼は、彼の帰属する文化そのものの深い所を無視した、というよりもいくらかの軽視があるように見える。アメリカ人だからでしょうかねえ。その点は、彼の創作した多くの概念についてもそのことが言えるのではないでしょうか。例えば、重要なひとつに「純粋性」ということを言っておられる。中期と後期とではその内容は大分違うのかもしれませんが、ジェニューインという概念です。私はこのジェニューイン、説明概念としてもずい分と奇妙な言葉だなあと前から思っていた。何故かと言えば、日本人にとってはもともと「無心」とか「無」とか、「空」とかいう言葉があります。後ほど、私の話もこの「無心」などについて話が展開していきますけれども、何しろロジャーズはこのジェニューインで、いくらか「無心」に近いような内容を提示しているように私は思う。われわれだったら、日本の文化、東洋の文化の中にそんなすごい意味のある言葉があると分れば、本気で仏教の勉強を始めてしまうわけでしょうが、心理学者であるロジャーズは何と、勝手にジェニューインなんて言葉を使って、自分なりの意味付けをしてしまう。ロジャーズが東洋思想に関心を持たなかったなんてことは考えられません。さてそのジェニューイン。私が辞書引いたぐらいではとても彼が含めている意味は感じとれません。また、この単語が英語圏でどんな実感があるものなのかも分りませんが、向うの人は私が感ずるよりももっと厚みのあるものを掴んでいるのかもしれません。しかし、私には「純粋性」なんて言われても何の奥行きも感じない。味もそっけもないあの蒸溜水のような感じがしてしまう、およそ人間の内面の何かを指し示すには最もつまらん言葉じゃないかと思うんです。もしも、純粋性という言葉を使おうとするならば彼の文化の中の背景の聖書というものの中にもっと適切な言葉がいっぱいあるのにと思ってしまう。

二．教育という角度からカウンセリングを見る

いま、三つの異なった理論根拠を持つ派のことに触れました。学派として、理論の組立てとして、この三つはずい分とはっきりした立場を持っているかもしれませんが、私はこゝで理論的な面は別として、教育ということからこのカウンセリングを考えていますので少し触れておきます。教育の側からのスポットとなると、治療の側からのスポットと自然違った捉えとなるわけです。

私は私の大学の相談室のカウンセラーですが、そこでほかのカウンセラーの方々は、心理系の方々です。実験心理、教育心理、臨床心理などそれぞれです。ところが私だけ工学部出身ですからえらく毛色が変っているんですね。私はその相談室で個人面接はしません

で、エンカウンター・グループを専門に受け持っています。もうそれも十年以上になります。本業は慶應義塾の中の男子の中学校の理科の教師で、大学生に教育というものを教えることがあり、相談室も手伝っているという次第です。また、私の学校のカウンセラーでもありますけれども。さて、大学の学生相談室というものはいずこも閉鎖型のや、治療的色彩の強い所です。慶應もそうです。どちらかと言えば、成長への援助か、適応に向かっていくための援助かと言えば、その後者のセラピイとしての援助形態をとるわけです。ですから、学生たちの日常生活には一切手出しをしません。指導というかたちをとらないわけです。

中学や高等学校での、学校の中での教育活動の一環として、またその学校の中で動くこども達のいろいろな問題に対応するためのものとして、その学校に相談室があるとすると、この大学での相談室での相談活動とは相当に違う部分がなければならない。中学高校では指導というもの、そこでの成長についての助言なども入ってくるわけで、そのこどもの最低限の適応の部分にだけ眼を向けていればいいというわけにはいきません。相談室のドアは、大学では外と内とが峻別できるけれども、中高では外と内とをはっきり分けることが必ずしもできません。例えばイジメラレッ子が飛び込んでくる。その子がイジメラレルなら、そのイジメの状況やその周辺について、こちらの側も充分なデータを得たうえで動かなければ事は解決しない。その子の心理的な動きをしっかりと見ることや、その心の動きについていくことは、必要ではありますが、それだけでは大きく不足します。一方の大学生へのカウンセリングでは、治療には目標とゴールが想定されています。それはクライアントに最低限の社会的適応の姿勢を掴まえてもらうということでしょう。それはいずれの派にせよ同じだと思います。クライアントが、これで何とかやっていける、と思えばそれが最終点となります。こゝに治療というものの持つ限界もあるわけで、人生如何に生きるか、を考え行動することに積極的に介入する必要は治療というものにはないわけになりますね。

この領域はやはり教育という角度での課題になるよりありません。勿論、人生如何に生きるか、生きるとは何なのか、という問題はクライアントの最も大きな問題でもあるわけですが、ただカウンセラーは腕まくりして積極的にそこに入っていくわけではなくて、如何に生きるかの悩みとされる部分に触れながら、援助的な営みが行われるわけです。それが治療の契約であり、治療行為の構造です。目標がはっきりしている。ところが教育となると、そこのところがさっぱり明瞭じゃない。治療の場合ならクライアントは最低限の適応への自信がついてくれれば、その相談室からも離れていく。それ以上のことは要求もしないし、求められもしません。こゝが重要な境い目ですねえ。教育の根底は、たぶん如何に生きるかのその目的を提示することにあるように私は最近考えるようになってきました。ゴタゴタした細かいことは、必要があるのならば学習者本人が求めるわけですから、こっちは最も本質的な所だけを、これだよって示せばいいんです。

私は十二歳のこどもから二十五歳位の院生までのおつき合いの中で、この守備範囲の中いま、そんな事を感じています。四十年教師をやってきて、目的目標というのが何だかだんだん分らなくなって来た。特に自分が生きるか死ぬかなんてところに立たされると、どうもあんまり知識があってもしょうがないよなあ、ということになる。本当はほとんどそんなものはいらないのかもしれない。それで別に困りはしない。確かに知識がなければコンピューターの技師にはなれないかもしれないのだけれども、どうも役に立たないものが多すぎる。

学校は押しつけが過ぎるんですね。まあ結局、一番重要なものは何だと言えば、「生きる意義」を具体的にピンと分ってもらうことではないかという結論になってしまった。要するに「光った旗」を見せてやるんですね。抽象的に言ったってはじまりません。それが分る人は態度で伝えることができるでしょう。彼等の見ているところが曇天であるなら、青空がどこかにあることを知らせてやる。キラッとしたものを見せてやれば、それで終りって思います。あとは彼等が見つけりゃいい、技術的なことはですね。そんなのは自分で探す方法がある。ただ、「光った旗」はどうしても生身の人間が伝える以外に方法はない。それは私にははっきりしています。

三．私の信仰、キリスト教と禅

ここでちょっと違った角度から、私自身のことをお話ししてみます。いまのような話になってくると、教育者だというなら教育者であるお前はどうなんだ、お前とは何だということになります。私自身のことです。私は先ほどのようにロジャーズから出発したけれども、いまはそれほどの関心を持っていません。それなりの意義は分っているつもりですけれどもね。どうもロジャーズの思想というのは、靴の底から足の裏を掻いているような気がしています。私のカウンセリング観の基本には、いまは「信仰」があります。そこをすべての根拠としていると言わなくてはなりません。

私はキリスト教でカトリックです。家人はもう長い経歴を持つ信徒ですが、私はこの十年ほどです。キリスト教と同時に挙げなくてはならないのが、禅仏教です。坐禅で具体的に坐るんです。これが私の祈りのあり方なんです。もうこれも二十年以上になりますが、それがずっと続いているんです。ですから奇妙だと言えばずい分奇妙な話だとお感じになるでしょう、みなさんも。仏教とキリスト教。両棲類ですものね。仏教とキリスト教とをだぶらせますとね、それはとても重なるものではない、水と油だと考える方々がいます。それも当然です。確かに神学上の論争となれば、一つのものになるはずはない。何故なら、一方は悉有仏性です。仏教の場合、人間まるごと受け止めてしまうようなところがあって罪の意識が少ない。第二次大戦への反省だって何か深いものに欠ける。だのに一方は原罪を信ずるわけで、人間の罪の問題が最大の課題です。ですから神学上はどうも全く水と油でしょう。でも、これが具体的な祈りの形や、その意識となれば、それを比較しても少しも水と油ではありません。

深い祈りの体験の比較となれば、そこに大きな共通点が出てきます。ローマン・カトリックというのは、聖書の教えをギリシャ哲学やギリシャ思想と合体させて知的な神学を組み立てたのでしょう。私は聖書が読みたいのであって、別にカトリック神学に特別の興味を持つわけではない。極端に言えば、それら神学とイエスの教えとは、直接の関係はないと思っているわけです。また仏教でも人間の罪深さを強く意識させる宗派がないわけではない。浄土真宗などでは、人の罪を言います。だから、キリスト教に似ているなどと言われます。私にとって、仏教とキリスト教とを体験的に学ぶということを同時にやって、別に何の困ることもあり得ないのです。

事実、キリスト教での祈りと、たとえば禅での坐禅と、その深まっていくところでの祈りの感覚は全く共通している。大体、人間の体験の深いところでは、そんなにいろいろのものがあろうはずはないと考えられます。だが、キリスト教の側からは、坐禅なんて、あれは方法であって、宗教とは違うと言われますし、坐禅の方からは、われわれはキリスト教などで言われる瞑想なんかをしているわけではない、などと言います。しかし、これはいずれも相手をよく研究もしないでの言いがかりでしょう。

二つの宗教を考えるとき、知的な捉え方や、観念構造で比較すれば、その違いばかりが目立ちましょう。しかし、深い内省の部分をつき合わせれば、驚くほどの似た内的構造が分ってくるものです。私の禅は臨済禅で、只管打坐の曹洞宗とは違って看話禅、公案を使います。禅問答です。ですからずい分知的な部分もあるわけだといわれるけれども、決して知的思弁性が前に出てくるというわけではありません。私がキリスト教信徒になったのは十年前ですけれども、はじめ私は私の中にある宗教的感覚からしてキリスト教になんかなれないのではないかと思っていました。なれそうにもない、というのは、たとえ頭では聖書に興味があり、イエスの教えに深く心が動かされたとしても、体の深いところにある日本古来の信仰感覚を捨てるわけにはいかない。いろいろなアニミスティックな八百万の神様を信ずるような感じ、カマドの神様、井戸の神様、便所の神様、ぞろぞろおられる。生活のさまざまな場面に密着した古事記に出てくるような神様との触れあう感じ。そのあたりにある神道系の感覚、白いものを神聖視する、山や水に何かやどっているような気がする、そんな感じ。さらに仏教系のいろいろなものがそれこそごちゃごちゃ重層化している。それを全部捨てなければキリスト教になれないとなったら、それはもう私にとってはキリスト教は全く縁のないものと言わなければなりません。

そんなことを思い悩んでいたら、「そんなこと言ったら、私なんか大変ですよ、私はフィリピン人だからフィリピンの土俗信仰の神々がワヤワヤいる。私の体に浸みついている。それを切り捨てろなんていったら私にキリスト教なんか入ってくる余地はない。まして神父になんかなれるはずはありません」とある神父さんが言われた。なるほどそうか、と考えた。いままでのものは、いままで通りでいいんだ、重層信仰でいい、それが許されるのだ、またそうでないわけがない。

そう思うことができたから、カトリックの洗礼が受けられた。ですから私の信仰なんて、キリスト教は頭のてっぺんに乗ってるだけ、って言われれば全くその通りなんです。ヨーロッパ人だって決してそうではないってことはない。きっと土俗的な信仰が彼等のキリスト教の底にあるはずだって私は思うんです。私自身がこんなことを言い続けても誰からも特に反論がない。認めてくれるんですね、こんな立場でも。またそうでなければならないはずですよ。だって信仰と祈りの感覚は実は同じだからなんです。あたり前のことなのですよ。しかも、こういうことが、もし大事にされないようだったら、人間には本当の信仰なんてないんだと私は思っています。

四．深く観る

さて、まあそこで、私のカウンセリングの根拠と信仰ということになります。それを、いくつかの観点、認識の仕方ということから考えていきます。

生きるということの意味、そんな意味をあまり知的に頭で考えてもらっても困っちゃうんですが、生きることの意味よりも、人は生きていることの深みを人から聴かなければなりません。例えばですねえ、クライアントが入ってくる。まあ、泣き泣きしゃべりだす。中学二年生、「イジメラレタ」なんて言って。そう、そこで、人はそれを聴くんだけれども、なかなか深いところは聴けるものではありません。ところが、人の中には非常に深く聴くことのできる人がいる。それに対して、さっぱり深いところに入っていけないわれわれがいる。まるで、これは天性じゃないかと思うほど、彼等の側に立ってじっと聴ける人がいるのです。大体私は、カウンセリングというのは天分というものがない人は、まあ駄目なんじゃないかとまで思っていますが、何しろそういう天性豊かな人が居るんですねえ。カウンセリングで聴こえるというのは、音波が来たから聴こえてくるというようなことでは全くない。多分、そのよく聴ける人の言語論は全く次元が違うのですねえ、質が。だから、たった一言で奥行きの深いものがぽっと見えるわけ。多分、クライアントにとっては、自分の一言がはるか奥の所にまで達していくということが直観的に分るのでしょ。それはとても知的解析の可能なものであるとは思われない。ちょうど、絵を見て、パッとその絵描きの世界が伝わって来て分ってしまう人がいるようなもので、ゴシャゴシャ解釈なんかしているようでは、どうにもならない。絵なら動かないけれど、クライアントは一瞬一瞬動いて変化していきますから、さらに始末は悪いんです。不思議なことだけれども、居ますねえ、カウンセリングなんか何の関係ない全く違う世界の人なのに、そんな才能のある人が。恥かしいけれどそんな人に会っちゃうと、一体何だ、おまえはこの三十年間、何を勉強なんかしてきたんだ、なんて天分の与えられていない人間の淋しさを感じたりしてしまう。カウンセラーは案外駄目なんですねえ。こゝでその深みを見る眼ということについて二つ三つ考えてみましょうか。

五．コンラート・ローレンツのインプリンティング

存在の深みを見ることが大切、と思います。深みを見るためにはある種の予感能力が必要でしょう。私が予感能力といっているのは、直観的詩的な予知能力とでも呼べるもので、豊かな芸術的直観力を背後にひかえさせたものと言いたい。そのことは違った言い方をすれば、われわれの持つ常識というものを一度破砕したところで、見えるものを見ることなのです。

たしかに行動療法では、環境を重視する姿勢があります。その環境によって影響を受けていく主体の側が、学ぶであろうものに細心の注意をはらう。条件付けで学習が成立する。そこで、その学習者の自発的行動が変質していくと考える。こんな形が現代の科学の人間

に対するアプローチの原型であるかもしれません。けれどもこれに対してノーベル賞学者である動物生態学のコンラート・ローレンツの「インプリンティング」という捉えがあります。

インプリンティングはみなさんご承知でしょうが、ハイイロガンという鳥の一種の生態の中で発見された生命体の認知構造の一つです。これは人間についてもいえる我々の陥りやすい常識をくつがえすだけの力があります。その内容はヒヨコの母親認知は生まれてからのある一定内時間にのみ行なわれ、それ以外の時間ではもう二度と再学習は不可能だということです。世話をしたローレンツになんとヒヨコはぞろぞろついて来てしまう。親と思ってしまうんです。こわいことですねえ。要するに、生長のある時点での学習は、他の時点での学習では代置できないということ。この学習の一回限り性という深い意味は、行為の一回限り性ということを暗示しています。私はこゝに深い哲学的思索への示唆を受けるのです。生命体の奥深さというものを予感させられるわけです。ある年齢の子供には、その十二歳なら十二歳のときにだけ学べるものがあって、十六歳ではもう間にあわない場合がある。十六歳ではもう駄目なんだということ、この辺のことに関しての洞察については、われわれ教師は、本当に鈍感で粗雑です。「一生懸命がん張れば、何とかなる」と思っている。個々の人間にはそれぞれ違ったタイミングがあるにもかゝわらず「あいつにやれて、おまえにやれないはずはないよ」などと言って不可能を可能としようとする。乱暴なんですね。われわれはもう少し考えなければならない。さっきの行動療法もこの捉えを包み込めば、さらに深い生命へのアプローチができることになるでしょうに。

たゞ、このインプリンティングという事実は、たんにその範囲の事柄ではありません。時期や時間の問題だけではなく、生命というものの持つ、多次元的な不可思議な構造への深い留意を呼びかけているのです。生命体への畏敬の念をわれわれが持たなければいけない、それを気付かせてくれます。ローレンツはさらに「攻撃性」について考察する。そしてその結論はなんと、「攻撃のない所には愛はない」です。

攻撃と愛は表裏一体であるという。私はその卓見に全く驚きました。愛だけ独立して存在することはない、ということなのです。仲よしクラブ志向型の教師は、またもやギョッとしなければならないはずです。こういう複雑な視点は存在の深みを見る態度である、私はそう言いたい。

私はこの点、私のやるエンカウンター・グループの中で起こるさまざまなやりとりの中でつくづく感じざるをえません――他者への接近を自覚するためには、どうしても自分の中にある他者への攻撃性の処理がなされないかぎり解決はつかない、と。私などはなかなか悪くて、他人に触れたときに、何しろまず出てくるのはある種のネガティブな感じなんです。私にとっては、それを乗り越えないかぎり、私はその人に親しい感じを持つことはできません。常識的にはとんでもないことなんですけれども、私にとっては至極大切な捉え方なのです。切実な一回限りの一瞬に何かを学びとる。そうでなければ、いくらノッペリやり続けても駄目だということです。

六．母胎内での異状な時間

今度は、かなり違う観点に触れましょう。ここに生物系の先生がいらっしゃると恥しいけれども、系統発生と個体発生にからめて時間論に踏み込みましょう。難しい議論になりそうとはいえ、それは大体、これまでの話が存在論にまつわる話だったせいかもしれません。いかゞでしょうか、それほど難しくない観点を申しあげる大切さもありえます。

存在論といえば、二十世紀の哲学者ハイデガーです。ハイデガーなら、その中心的著作は『存在と時間』（一九二七年）です。でも彼は、現代哲学の巨人としての最も重視されるこの本の中で、存在については書いたけれども、時間については書くことができなかった。尻切れトンボに終っているのです。まとまったことは言えていない。彼は後期の詩的な作品群の中で時間を論じます。しかし、哲学として時間論をまとめられなかった。私にとって、存在論で面白いのは、やはりきれの良い時間論が入ってくる場合です。論者の姿勢と力量とがすぐ分ってしまうように、私には思われます。時間論は、やはり常識をぶち壊されてギクリとさせられるようなものでないと面白くありません。われわれで、針がこゝまで来たから何分話しちゃった、なんてことになっているでしょ。普遍的な時間がたゞ流れているんだ、などとわれわれは考えているんですよ。まあ、相当に怪しげなものです。

中学生にでも分る話を一つさせていたゞきます。さて、系統発生論では生命が地球上に現われてどれほどになりますか、まあ、五億年としましょう。動物が生まれて三億年、初めは水の中で生活し、そのうち陸に上ってくる。ですから進化の途中には、水の中で魚になっていた。一方、個体発生論では、系統発生の初めと同じように単細胞から出発します。勿論、遺伝子は全く違って、とてつもなく複雑になっているわけでしょうが、やっぱり単細胞の受精から始まる。単細胞なんですね。変な話です。もっと複雑な形から出発していたっていいわけですよね、と常識は言うわけです。なのに単細胞。母胎内で、液体の中で胎児が育ち始めると間もなく、形態が魚になって、その体の中にエラが出来るんですね。だった時のエラの痕跡が、かすかに残っているはずなのです。これも実に妙なものですね。形はエラ。そして間もなく形が変ってエラは消失して痕跡しか残らない。私の体内には魚ちょっと乱暴な私の詩的幻想だと思って、聴いて下さい。私はこのように感じ、考えるんです。母親の胎内に居る胎児はたったの十ヵ月しか居ないにもかかわらず、外側の胎外の時間がその十ヵ月であるだけで、母親の胎内で胎児が通過する時間は、もしかすると三億年なのかもしれない。事実、それだけのとんでもない時間がないと、一つの生命体としての人間は生まれてこないのではないか、私はそう思うんです。胎外時間の一日は、胎内時間の百万年に当りますかねえ。こんな変なことを私は思う。だって全く不思議です。みなさんはどう感じ、考えられますか。私のポイントは、存在の神秘性をじっと見る目がなければならないという観点です。

このあたりの理解は、常識的時間論をはるかに超えているでしょう。ユング派ではありませんが、私のこの体内には、私の六十年の体験以外に、そのずうっと前の、私の全く預り知らぬ体験が住みついているとも思われます。それは比較的私たちに近いこの二千年間の文化であるかもしれないし、もっと前の、はるかに前の巨大な体験、先祖達の積み重ねた体験が息づいているのかもしれない。私の中に魚が居るんですよ。大体われわれの常識的時間というものには連続性がありますね。どこか定規に似たような、均質な同じもの、同じ間隔、単純に直線的で連続しているもの。でも、私が言っている時間は、実は直線でもなければ、連続的でもない、もっと全く複雑な入り組んだ構造を持っていて、怪奇的で非連続的なもの、無気味な生命体の動きそのものにくっついた切れ切れのものなのではないか――私は、そう言いたいわけです。

とても時間論とまではいかないけれども、こんな角度で時間を見る、植物を見る、動物を見る。なにか血が騒ぐような感じが起きませんか。こどもと向きあって、この子は胎内で魚だったんだなあ、とか、何十万年前の先祖の血は、この子の中でどうなっているのかしら、なんて思うとすれば、相当この不思議なる存在は真に不思議なる存在なのだ、と思われてくる。「何故、この子は万引きなどしたのだろう、全く良く分らんことだ」なんて、馬鹿々々しくって考えなくなるんじゃないでしょうかね。カウンセリングにとっての深い目とは、そんな感じで、クライアントを見るということです。

七. 主客二元論と聖書の「ぶどうの木」

自我があって、向う側に物がある。その主体と客体との間には決定的な深淵が存在する。こっちから向うに、向うからこっちに乗り移りはできない、と考えてしまっている。孤独なんですね。これが、現代人の認識の構図でしょう。例えばカール・ロジャーズは「積極的な肯定的配慮」、そんな概念を立てますね。こっちの側が向うの側に、積極的に肯定的な関心を持つ。それは全くこの主客二元論の構造そのまゝでしょ。さきほどあげた、分析派も行動療法派も、この点に関しては全く同じですよ。一つの科学的合理性を持ってもいる。客観的普遍妥当性が求められているわけですね。他人への説得に都合のいい客観的な因果律を想定している。そこに学問的な理論が成立するというわけです。しかし、聖書にはどこを開いても、こんなことは書いてない。全く構造が違うんです。新約聖書には福音書が四つありますが、その最後に置かれているヨハネ福音書の第十五章に次のような一節があります。

「わたしはまことのぶどうの木、わたしの父は農夫である。……わたしはぶどうの木で、あなたたちはその枝である。……友のために自分の命を捨てること、これ以上に大きな愛はない。……互いに愛しあいなさい」。

どうでしょう。枝は木の幹につながっている。私たちは枝の先で、それは枝の先として同じ者同士でしょう。ですから、根本ではぶどうの木であるその幹につながっている。このように枝の先同士は元の元ではつながっているわけです。聖書の構造はこんなことを言うのですよ。主体と客体とが別にはなっていない。ずい分と違いますね。また、「友のために自分の命を……」というところは、「肯定的配慮」とは本質的になんとまあ違うことでしょう――根本的に構造自体が異っていることを、お分りいただけたでしょうか。図で描いて見るとこんな風になります。

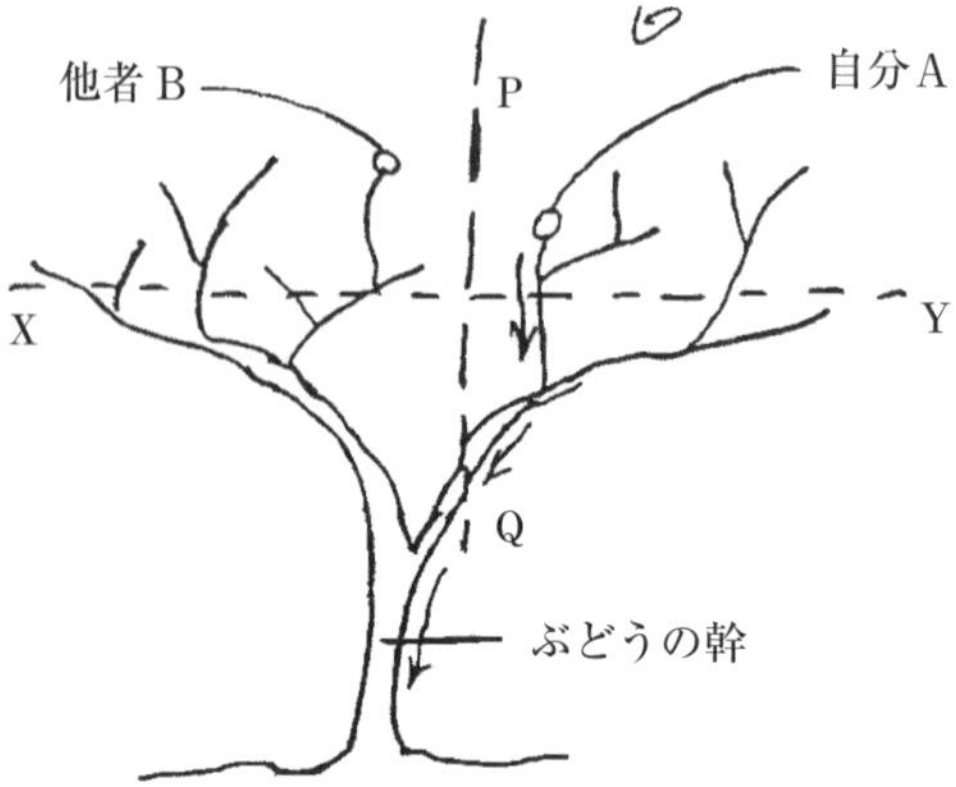

構造的に、こうなります。イエスは、互いに枝の先同士なのだから愛しあいなさい、そしてそのつながっている元の幹は私なんだよ、と言われる

わけです。この比喩は図で見ても分りやすい。少なくとも信仰感覚でいえば、ぶどうの木と枝の関係はこの図のような構造そのものであるわけです。自分Aと他者Bとの間には、縦に破線ＰＱがクレバスのように隙間を作って、相互を裂いている。これが現代人でしょう。また枝の先は、存在の根本と水平の点線ＸＹによって切り離されている。これをカウンセリングの面接の場面で考えてみます。みなさん、自分の体験の中で、この感じを探って見て下さい。いま、こゝの場で坐ったまゝでいいんですよ。やってみて下さい。

現代人の面接、自分Aというカウンセラーは、他者Bというクライアントの伝えてくるものを、共感的理解をするために苦闘するんです。そのAとBとのやりとりの中で、Aは一生懸命Bを何とか理解するために集中する。それをカウンセリングの勉強でやりますね。例えば、カウンセリングの研究会かなんかで。今日のこゝでだって、あとでやるわけです。それは具体的には、ロールプレイと呼ばれるでしょう。数人でグループを作つて、そこへ私も一つのグループに入れていただいて始める。すると私が「Aさんが言われたことを、そこのBさんはどのように聴かれましたか」と質問。そこでBさんが何か話す。Bさんが A さんの言葉足らず舌足らずで述べた一言を、少し表面的にとったとします。するとそこで意地悪・香山が言います。「Aさんがそんなことを言ったとは私には思われませんよ」なんてことになる。こんなやり方で勉強が進行していくわけですね。どれだけ積極的に受容できるのかに腐心する、努力をするわけです。これだって随分と大変な勉強で、修業ですよ。こんな勉強、カウンセリングを身につけようと思えば、具体的にやってみなければならないわけですね、いまでは。でも、さっきの話からすれば、果してこうした努力が必要なのかどうか。

このロールプレイというやり方では、図で言えば、自分Aは他者Bに近づくために、身をひそめ、心をひそめて、よく見えないBの世界を、深淵のこちら側から必死に読みとろうとするわけです。しかも、こちらのアンテナの基盤は宙に浮いている孤独なる自分です。私には、これは相当に怪しげな仮説に立った構図だと思われます。こんな必要はないかもしれない、ロールプレイはよいとして、じつはその質的な変換が必要なのではないか、こんなことをやっていると、いつまでたってもカウンセリング・マインドが育たない、勉強が進まないという結果になる、とも思うのです。そこで、全く違った方向にやってみればよいと提言したい。そうすればどうなるか、その方向はどういうことか、という課題です。

八．自己の振り下げ

さきほどの図でいえば、自己の掘り下げの方向という問題になります。枝の先から、つながっている幹の方向に降りて行く。自己の内側に探索の垂鉛を下していけばよいのです。おのれ自身を深めていけばよろしい。自分の中で動くものは、まず何なのかということを、あるやり方に従って掘り下げるわけですね。

勿論、知的な探索の方法ではありません。ユング派だって似たことを言うでしょうけれど、ユング派は、理論構成が模式図的にそうなっているだけであって、自己の愚かしい、いまこゝの状況から自己を深めていくわけではありません。基本的にこのぶどうの木とは異質なもので、似て非なるものと思いますが。さて、その自己を深めていく作業とは、感覚的にはさきほどの「おれの中の魚って何だ」、「おれのエラって何だ」、「身体とは何なのだ」、「おれの母親、あゝ、あの母親」、こんな方向ですよ。その内省の仕方は、アンテナがしっかり張られていて、三六〇度、全方位に油断なく向っていく。何がひっかかってくるか分らない。アンテナは学問でもなければ、人から教えられたやり方でもない、全く自分の、自分だけの、いまこゝで使える自分の感性と自分の直覚力、自分の身体だけ。場合によっては異様な無気味さを、場合によってはポカンとした明るい世界を見ていればよいのです。その作業を禅仏教では坐禅、坐ると言うのです。キリスト教だったら祈る・瞑想すると名付けてもよいでしょう。体で技からより太い枝へ、太い枝からぶどうの幹に降りて行くことになる。そのプロセスの中で深いことが見えてくるなんていうことが起きるかもしれません。

それが一人のこどもだったとします。「どうも、いざっていう時になると、オバアチャンが出てきちゃうんだよなあ、顔がふっと浮んじゃう。それはママじゃないんだなあ。ママは優しいし、確かに僕のママなんだけれど、かんじんの、なんだか不安な時は、オバアチャンなんだよ、困っちゃったなあ、ママには、とっても言えないし」。案外こんなことは大人のわれわれにだって、いろいろと個人的にあるわけです。これも雑念ではあるけれど、自己を深めていくための内省の手がかりです。この話、さきほどのローレンツのインプリンティングで考えてみれば、そこに実は悲しみがあるんですね。

産後の肥立ちが悪ければ、母親だって入院します。もしそうなれば、本人の側にもう取り返しのつかないことがすでに起ってしまっている。こうして起ることを避けることはできないでしょう。それは長く本人の中で母親との関係で苦しむ種になってしまうのです。しかも、本人はその事実を知らない。こんなことが必然的にわれわれの回りで起っている。それを深く自分で感じ、受けとめ、ある解決がなされたとき、きっと彼はその気になればよきカウンセラーにもなれるでしょう。

内省はこんな方向だけですむわけではありません。さらに深めていって、幹の方に降りていく。それは、常識的な自己から真の自己へ、真の自己から、それを乗り越えて超個の場に進んでいくことで、それができなければ、幹にまで降りて行ったことにはならないわけです。

九．本来の自己の発見へ

この図の上で私が最も面白いと思うところは、自分Aが他者Bに向うとき、クレバスを越えて行かなければならない必要がある以上、まずカウンセリングの何とか派というものに沿った理論武装をするという姿勢です。そしてその方法論に依拠して、おっかなびっくり他者Bに向って行く。これがだんだんこなれて、なかなかいいカウンセラーだなんて言われるようになる。一体それに、そんなやり方に、何年ほど過ごしてしまうのでしょうか。ところが、下に降りて行く方ですと、理論じゃ駄目なわけです。そこで、自分のいま生きているもの全部を投入する。愚かしかろうと、馬鹿々々しかろうと、何しろ、いまこゝの自分のすべてを投げ入れて使う。そこに、たまげるようなとんでもない内省が起る。自分のからだがひきずって、自分から何かをひっぱり出して見せてくれる。私の「からだ」っていうのも、なかなか捨てたもんでもない、すごいものなんだな、まるで芝居の舞台を見ているようだ、なんて、そんなになって来ると、修業も面白くなってくるのですね。

さて、第一部最後のここで一つ述べておきます。それは、現代人の持っている一番大きな落し穴、自分で落っこっちゃう仕組みです。それはこの自己への過信ということです。自我が存在するということを全く疑うことがない。特に知的な人ほどそうでしょう。だから個が絶対、私が絶対。自己主張、個性なんて言いますね。しかし、普通言われる個性なんてもの、そんなものは大したことではなかった。自分Aの部分で、いつもどう自分を表現するかが問題とされる程度ではね。その孤独なる宙に浮いた部分だけ見ている。まさに、現代って、そういう時代なのではありませんか。

道元禅師という方がおられたけれども、彼は正法眼蔵の現成公案の部分で次のように言われるわけです。

「仏道をならふというは自己をならふなり、自己をならふというは自己をわするるなり」。このように言われた。

仏道というのは、まあ存在の真理ですね。それは抽象的なものではなくて、まるごとのことでしょう。まるごとの真理ですね。まるごとだから自分だってその中に入っているわけで、生きているまるごと、ということです。その仏道をならふ、学ぶというのは、身につけるでいいかもしれませんが、身につけるにはどうするか。それは、自己をならふ、自己を学ぶということだ。枝を下に降りていけということです。自己のありのままを生きたまま捉えるということだ、というのです。この場合、坐禅という型で下に降りて行くわけだと見れば良く分るかもしれません。自分の小宇宙を観るんですね。

その次です。自己をならふというのは、自己をわするるなり。だから、自己のありのまゝを生きたまんまで捉えるということになると、坐禅の中で自分の体にたよって、呼吸を使って、身を調えて、自分の中に現われてくる、さまざまな想いや感ずることと向き合う。真理を学ぼうとする以上、外側で習ったものを武器にしても駄目だよ、自分のなけなしのアンテナを使うんだよ。そうすると実はいままで考えていたような自分なんてどこにも居ないことに気付く。これは体験だから疑いようもない。自分の中で、自分を習う、すると不思議だが、さきほどの主客の二元論は必要がないこと、それが体で分ってくる。それが自己を忘るるなり、です。これを坐禅の中で、全く具体的現象学的な行為でやっていくわけです。自己投入といいます、一瞬一瞬、息を数え、意識にわき上ってくるものを観、そしてそれに付き合わないで流していければいいんです。小さな自己を忘れるということになります。そしてさらに、その次があります。

「自己をわするるとは、万法に証せらるるなり」。

万法はすべての存在。ですから、自他の別、自他の対立が自然に融けて、あらゆるものごとがそのまゝ自分になって生きる、ということでしょう。仮に自分というものを自覚したにしても、それはあらゆるものによって映し出されてきているのがそのまゝ自分なのだ、となります。このように見事な言葉なんですけれども、私達の文化伝統の中には、個を超えるための徹底した検討があったんですね。超個とは一体何なのか、ということにピタリ視点があてられていた。ですから、カウンセリングでもそこにまでもどしてみないと、労多くして、魅力的な収穫はないものと思わなければならない、と私は考えています。こゝで前半を終えて、休憩としましょう。

十．色メガネは体に浸みつく

さて、自我の問題を考えましたので、ここで、近代的自我の合理性がわれわれの感覚とどのように結びついてしまったのか、どのように根深いところまで入り込んでいるのか、という問題に触れます。それを視覚としての問題、図像学上の問題として考えましょう。このあたりの捉え方は、私のこだわりかもしれませんが。

眼で見える合理性とはそもそも何でしょうか。われわれはカメラのレンズを疑いません。レンズを通して撮影された写真を見て、自分が見ている対象がそのまゝ捉えられ、紙に焼きつけられていると思う。風景にせよ人物にせよ、すべて、です。近いものは大きく、遠いものは小さく、それが遠近法です。透視図法としての認知の枠組みです。無限遠点があって、手前の側から並んでいる柱の列は、きちんと無限遠点の消失点につながっている。レオナルド・ダ・ヴィンチの《最後の晩餐》（一四九七年）は、その透視図法の代表例でしょう。透視図法は中世にはなかった。日本には近年までなかった。まあ、江戸時代からですね、ヨーロッパから入って来て。大事なことですけれど、こどもの眼にはやはりこの遠近法はありません。遠いものは小さく、近いものは大きくなんてことは、別に重要ではない。こどもや昔の人はそんな枠組みで対象を見ているわけではなかったんですね。大事なものは大きく、そうじゃないものは小さい、という価値の遠近法です。

ところが、レンズで捉える、レンズのメカニズムの中にある透視図法の合理性こそ大事という認識方法には、誰も太刀打ちできず、すべてレンズの視覚に塗りつぶされてしまった。多分そこには科学的な合理性の中で、測定とか、比較とか、三次元空間とかいうものに人間が思いを向ける、その系の中だけでの因果性を重要視することを見いだした。そこで大きく認識枠が変質したのでしょう。そこに見るもの見られるもの、主体と客体の分離が起る。そこでは、主体と客体を分離する意志が強く働いている、そう私は思うんです。この透視図法は、自我を手前にしっかり置いて、そこを中心として理詰めで対象を掴む。この姿勢が一度確立すると、われわれはそれが唯一の認識の方法であったかのように体が認めてしまう。いままでの内的な心象風景と結びついていた外部の風景が見事にばらばらにされて、ぴたぴたと透視図法的遠近法の枠の中に貼り付けられてしまったのです。われわれの風景というものが、この図法で統一された、それは、そのときに他方で、自我が近代の中で確立したことと並行している。そこで文化は変質した、そう思います。

いったんこの枠組みで、色メガネで対象を見るようになると、われわれは自覚せずに、そもそも自然をそのような遠近法によって外の世界の対象を見てきたと思い込んでしまう。そこに何の迷いも不可思議さも感じない。かえって昔の絵やこどもの絵などを見ると、おかしな不合理な変形した絵だ、などと思うようになってしまった。これは近代以後のわれわれに押しつけられた色メガネのなせるわざだということに気付く必要があるのです。さっきの時間もそうでしたし、視認知のインプリンティングもそうでした。すべてを合理的機械論的な単純さに帰着させようとする。法則化への姿勢、志向というのは大体そういうものかもしれませんね。

哲学的にも素朴な実在論が横行してしまう。中国古代の荘子（荘周）の中の確か斉物論編の最後に、蝶々の話が出てきます。荘周が夢みてコチョウになったのか、コチョウが夢みて荘周になったのか、という話がありますね。相当に面白い話ではありませんか。しかし、合理性の強い世界から見れば、これは一笑に付すべき話です。

なるほど一笑に付すけれども、しかし、この話にはどこか真実がある。存在への深い洞察と捉えがあると思います。私はごく最近、大きな手術を受けました。そのベッドの上で、よく考えてみたんです。そこで、これも一朝の夢よねえ、なんて思っているところがあった。しみじみ本当にそう思うんですよ。それを無視してはならないと思います。

生きることの神秘を、じっと見る姿勢です。他者に向っても、その内面を見ようとするなら、やはりその姿勢でなければなりません。合理性が強いのは危険です。人の見る夢の不合理性の真実への深い関心が、人間理解の鍵ともなります。

しかもそこに、夢解釈はいりません。しみじみ感じていれば、それでよい。カウンセリングに関心を持つなら、人間の深みに思いをいたすなら、どうしてもこのような不合理、非合理な世界を直観的に見ていかなければならないと思います。なぜなら人間というのは、それほど不可解で非合理的な存在だからです。

十一・ボーイ・ソプラノ

こゝで、前にちょっと触れた発達論に戻ります。若い先生方、こゝにもいらっしゃいますが、教師になられるとき、心理系で発達心理学を学ばれたでしょう。これまた不思議と言えば不思議な人間の捉え方とも思われます。むろん私の側にも誤解もあるでしょうが、私はその思想の一番深いところを問題にしたいわけです。発達論は、人間の成長、発達、進歩という観点を持っている。昨日より今日はより進歩していると見る。表面的にはそれはないようだが、深いところではそう見ている。というのは、こどもは変化成長して大人になると理解するわけです。成長した大人に力点が置かれていて、こどもは未熟と見るのです。明日のために今日をいかに使うか、そんな目標を立てたりする。発達論的教育論ですね。目標を立てることで一歩一歩階段を登って行く。そこに因果の鎖でつながれている連続性を見ている。教育現場に、この捉え方を当てはめると、えらいことが起こってしまう。この理論だと、未来のために今日がある、ずっと先のために、いま頑張るんですね。いつも先の方に眼が向いていて、いま、こゝにあるありのまゝの自分を見ることが少なくなってしまう。いま、こゝに居る自分自身も、未来への一つのプロセスと見るようになる。この考え方は、全く現代人の感覚にぴったりでしょう、明日のために、バスに乗り遅れないために、……のために努力をするんです。そしてゴムが伸びきってしまったとき、自己喪失が起こってしまう。

ボーイ・ソプラノという不思議な声があります。天使の歌声なんて呼ばれる。高音部にビブラートがかゝっていないので、少々気味が悪いけれど、スーと歌われていって細くなっていって、最後のところでポツンと切れる。アリアを歌うソプラノとは全く違う。中世後期の教会音楽のポリフォニーにぴったりです。どこか、人間の声ではない、向う側の世界の声の魅力です。私はすごいなと思うことがあります。イギリス・ウェールズ出身のアレッド・ジョーンズという人がいます。十三歳のこどもの時期の歌唱です。その声のまっすぐさに、大人の私は脱帽するほかありません。大人に絶対にできない、幼な子の声です。しかし、その頃の年齢でボーイ・ソプラノは終ります、終ってしまうんです。肉体は続いていって、彼は立派なテノール歌手になるかもしれない、けれども、それはそのボーイ・ソプラノの世界ではない。その声の世界は消えて、どこにもありはしない。

私は、人間存在とはそういうものだと思います。一瞬一瞬がその勝負で、その時間は切れ切れで、しかもそのときそのときの存在の重量は何ものとも比較のしようがない。連続性はなく、一回限りです。私は、いちがいに発達論的観点を否定しようとは思いませんし、その知見に教えられるものも多いけれど、その捉えは、現代の教育にとって測りしれないほどの傷を与えると見ています。みなさん、一度そのボーイ・ソプラノを聴いてみて下さい。

十二．因果の鎖を切るのは体

さて、ずい分あれこれ文句を言いました。あれも駄目、これも駄目、小言幸兵衛みたいに、合理性、因果律、科学性、論理性、学問的なこと、それ等は人間をどんじりで見る上で何の役に立つのか、なんて文句ばっかり言い続けているわけです。こんなことを言い続ければ、たいていの人は怒りだしますね、それでは一体、お前自身はどうするんだって。お前は、具体的にカウンセリングを学ぼうとする場合に、何ができるというのか、ってみなさん逆に、文句を言い始めるでしょう。その反問に私は当然答えなければなりません。でも、正直に言って、私はその問いに正しく真正面から、かくかく学べば良いという方法論やその思想をきちんと並べてお見せできようとは、とっても思えません。これからお話しすることは、その方向への一つの示唆にすぎず、一つのヒントだと思っていたゞくほかない。でも、その方向において、はっきりしている部分があります。修業が必要だということです。体を使って最初の第一歩から入りなおしの必要があるということです。旅は第一歩から歩くもので、途中まで電車で、っていうわけにはいかない。四国お遍路さん、この頃は手軽に八十八ケ所を車で回ってしまうようですけれど。

「自己を深める」、「祈る」とは、具体的に何をすることなのか、それはカウンセリングとどう結びつくのか、これは私にもよくは分りません。しかし、その方向性を除外して人間の深みに関わろうとするカウンセリングは、私には見えてこないわけです。

さきほどの「ぶどうの木」の話は聖書からとりました。したがって、この何をするかをキリスト教に結びつけて「祈り」という角度で考えられるかもしれません。だが、私はこゝで、私の「祈り」の型である坐禅にまつわる具体的な領域で説明をしてみようと考えます。といいますのは、その具体性は私自身の体験に即して話せることと、坐禅について、またその周辺については実に多くの誤解があって、その本体は何だか不明になってしまっているように思われるからです。坐禅には、案外日本人にあれこれ体感的に分る部分があるので、われわれの中にまだ生きているこの領域への豊かな受容力を解きほぐしながら話を進められると考えます。

まず、「空」と「無」と「無心」についての大まかな話です。インドの仏教哲学では「空」です。般若経の中心テーマですね。それは中国に入って来ると「無」と呼ばれます。特に禅仏教では無です。この「無」は日本に入って来て日本化して、さまざまな文化とまじりあって、「無心」として使われるようになる。少々乱暴かもしれませんが、構図はこのように考えて差し支えないし、私自身、あまり違いが感じられません。たゞ、無心は日本では無そのものと違って日本文化のいろいろな色付けを帯びていて、茶道、詩歌、武道、諸芸能でのそれがさまざまに語られている。ごく自然だとしても、私はある種の色づけを感じます。そこに、誤解もありそうなんです。一つ挙げてみますと、無心という言葉に結びついているらしい静寂感です。静寂感が無心という捉えの中にないのかと言えば決してそんなことはないと思いますが、静寂感という静の部分のウェイトが無心の中に当然含まれる動という部分よりもはるかに高く感じられているらしい。これは重大な誤解です。「わび」とか「さび」とかいう受けとめ方がついてまわっているからかもしれません。大森曹玄老師はうまいことを言っておられます。「無」とか「無心」とかをコマが回ることにたとえておられるからです。コマは高速で回転すれば直立しますね。遠くから見れば静止で全く動いているようには見えません。でも、触れれば手が切れるほどの激しい動きです。極端な動と静とが同居しているでしょう。動として捉えれば徹底した動であり気力の充実です。静として見れば、ゆったりしたのびのびした不動です。大体、「無心」が俗に思われているような白紙のようなカラッポの状況であるはずがないんですよ。瞑想っていうこともそうなんですけれど、外側から観念で見るからそう見えるだけで、その実、内側では極度の集中と同時に、どこにも滞りのない柔かさがなければなりません。

十三．「祈り」

もう一方の「祈り」という角度でも考えておきます。祈りには、声禱、默禱、默想、観想、沈思、まあいろいろあるわけですが、いずれにせよ。ある種の集中が必要なのです。声禱では、マリア様の祈りなり、南無阿弥陀仏なり、南無妙法蓮華経なり、唱えることで意識集中をはかる。まあ声を出すのは景気がいいけれど荒っぽい。次第に微妙なほかの祈り方に変っていきます。たゞ、祈りについても根本的な誤解があります。こうしてほしい、こうして下さい、というのが祈りだと思われているらしい。「一億円宝くじに当てて下さい」、「うちの子、Ａ大学に入れて下さい。みんなは落っこちますように」なんてことが祈りであるとすればこれほどひどいことはない。これではたゞの現世利益、手前勝手な呆れた願い事に過ぎません。でも大多数の宗教はどこかこの現世利益を売り物にしがちですね。全くかないません。祈りというのは全くこのようなものではないはずです。無心に向こう側に向き合う、いや、向こう側といっては適切ではないけれど、まあ無心に座るんです。もちろん、現世利益で始まったっていいんですよ、得手勝手ですがね、初めはね。というのは、どうせ「うちの子は……、みんなは……」だって、こんなことを三十分間ぶっ続けに集中し続けて唱えるなんてことは、人間わざではできません。絶対にできない。意識は、どこかへ行っちゃうんです。いろいろのほかのことに、移って行っちゃうものなんです。そんな一点に集中し続けることなど、できるわけがない、人間には。ですから、今度は何に移るか、何に集中するかの問題が出てくるにちがいない。それでいいのです。では、集中するとは何か、です。

私にはこんな愉快な教師体験がありました。ある子、教室にいて時々嘘をつくんです。みんなにひんしゅくを買っているのですが、本人は平気でやっている。そんなことで案外やってこられた。ある朝、彼が言うんです。「先生、僕の鞄の中の筆箱がないんです。誰か知らないか、今朝確かにあったのに」。みんないやーな顔をしている、また始まった、という顔ですね。そしたら教室にいたA君、けっこう意地悪なんですね。「昨日、俺、お前の筆箱を理科室で見たぞ」って云ったんです。私も意地悪ジジイで、それっていうんで三人で理科室へ飛んで行った。なんと筆箱はそこにありました。教室にもどって、その本人は教卓のところを通りながら「思い違いだったよ、ごめんよ」と言ったんです。そうしたらクラス中のこども達、二年生ですが、一斉に顔が横向いちゃった。見事でしたね。私はとてつもない声で「馬鹿野郎」ってどなった。一瞬ためらったけど、その子、教卓の所に来て、やおら教卓の上にあがって正座して頭下げてるんです。何か口の中でモゴモゴ言ってるけど頭を上げない。何分も何分も経つ。ずっと同じ様子で動きません。私はドアの所で立って見ている。そのうち教室の一人が「もういいよ」と言うんです。その「もういいよ」がびんびん増える。私も「もういいそうだよ」って言った。その子、頭を上げて机から降りて、「ゴメンナサイ」と言いました。私が「おまえ、何、口の中でモゴモゴ言ってたんだい」って訊いたら、彼曰く、「ゴメン、ゴメンって言い続けてたんです」。「何故?」「ゴメンゴメンって言い続けてないと変になっちゃうから」と言いました。私は、このゴメンゴメンに驚いた。これこそ本当の集中ということの原点です。「南無妙法蓮華経」と同じ声禱ですよ。この子に教えられたなあとしみじみ思いました。この子はそこで株が急上昇して、みんな仲間に入れましたね。いま考えれば、これが、この姿勢が、集中ということの極意だと思いました。

集中とは、身動きしないことです。「ゴメンゴメン」と言いながら、一切の動きをしない。たとえ、何をされようと微動もしない。そのときにだけ、正しくゴメンが成立する。それ以外の一切はまちがいです。そのゴメンだけが唯一、相手の許しを引き起こす。絶対に動いては駄目です。動くということは、きっと弁解、合理化、何か他の動きを連動的に引き起こしてしまうからでしょう。つらいことですが、苦しかったらその真っただ中に立っていること、坐って動かないことなのです。集中は一点集中ではありません。全点集中でなければなりません。祈りとは、この集中に向えばいいのです。気力がなければできませんね。

十四．意識のスクリーン

今日のお話のポイントですから、この「集中」をさらに体験的な別の観点から光をあてましょう。「意識のスクリーン」という言葉を使います。他の専門家の方々は用いない言葉で、私なりの独特な用法になりますが、それなりに具体的ですから、これで考えさせていたゞきましょう。

坐禅中の意識のあり方の説明になります。そう、私は禅堂の中で坐っているわけですね。まず、坐るでしょ——あゝ、やっとこの山の中までやって来たなあ、あゝ、いつもの禅堂のいつもの所にぽんと坐れたなあ、あゝ、あの風の音だ。ねえ、あゝ、蝉が鳴いているぞ、とかです。あゝ、今朝飛び出して来ちゃったなあ、あゝ、あのあと、例の件、はどうなっちゃったかなあ、誰かちゃんとやっといてくれたかなあ、などなどです。いろんな想いがずらずら、ずらずらっと出てくるでしょう。どういうことかと言えば、なまの体験の、いまこゝの五感に触れるものがある。今朝のこともあるし、さらに前の想い起こしもある。去年のこともあれば、とんでもない音の事だってある。去年、あの人が居たなあ、あの人どうしちゃったかなあ、で、どんどんどんどん枝分れしていきますね。だけどまた、いまにまたポンともどったりする。あらゆることが交錯して勝手に出てくるものです。何しろまわりが静かだと、わーって出てくるんです。願いもあれば想いもある、三十分経てば足が痛い、お腹が減った、日暮れになって来たなあ、雨が降ってる、風吹いてる、時空ゴッチャになって、次から次へと出てくる。われわれは気が向いたところで、それを適当に止めてみて想いを深めているでしょう。人間の意識は対象を求めるんですから、そのスクリーンの風景はどんどんどんどん流れていく。しかし、たゞそれだけのことでは坐禅にはなりません。

坐禅は一方で呼吸法ですから、今晩お目にかけてもいいけれど、腹式呼吸よりも深い丹田呼吸法をやり続けるんです。それをやりながら息を数える。数息観という観法です。吐く時奇数、吸う時偶数で「ヒトーツ、フターツ」とやります。「ココノツ、トォ」で「ヒトーツ」にもどる。これを続けていきます。ゆったりした呼吸でこれをやりながら意識のスクリーンを見ているというか向き合っているというか、そんな感じです。この二つのことを並行してやります。一方では呼吸を数で数えて、一方では意識が向くもの、ゴチャゴチャと出てくるものに向っている。もし、スクリーンの方にうっかり気を取られすぎれば、数息観の方がおろそかになるので、「サンジュウシチ、サンジュウハチ」なんてことになってしまう。想いの方にとり込まれたんですね。しかし、もしそうなったら、余計なことを考えないで、「ヒトーツ」にもどればいいんです。去年のあの女の人どうしてるかな、おばあちゃんの病気はどう、病院の費用はどう、なんてことに想いを深めると、一方がはずれる。危くなりそうなら数息観の方を少し強めにやって見れば、スクリーンの方が弱くなって流れが滑らかになります。こゝに工夫がいるんです。非常に具体的でしょ。自分の体と相談して工夫するのです。数息観がまちがいなく出来るようになれば、実はバランスのとれたある内的な状況が出来はじめたことになります。

スクリーンを通過するものを、邪魔にもせず、相手にもせず、見れば見っぱなし、聞けば聞きっぱなしです。これでやっていく。一方で数息観。これこそが生きた自分を生きたまゝ掴むということで、それが坐禅のまず第一の方法なんです。ですから、禅堂で雲水さんは、実はまことに静かに瞑想しておいでだ、と思ったら大きなまちがいで、それぞれずい分と忙しくあれこれ動いておられるんですよ。このやり方を私は全点集中とよびます。宮本武蔵の五輪書の中で言われる、「観の目強く、見の眼弱く」ということの観の目のことです。「近いものを遠く見、遠くのものを近く見る」とも述べています。この観法というのは、悟りの目のことで、見の目は、いわゆる分析的合理の目でしょう。

十五．深い眼がだんだん開いてくる

このように、いくつかのことを同時にやっていく。バランスを取りながら延々とやっていく。すると数息観がほぼうまくいくようになる。すると一つのことに引きずられすぎなくなる。ここの所が三昧であり、無心です。ですから無心は何もしないのでは全くない。有無の無ではなくて気力の充満、生命の輝きがあります。しかも、ゆったりと大きく、柔らかな充実です。これが初歩の禅的な祈りです。雑念とか想念とかいうものは、生きているからこそ湧き出てくるのであって、それは有難いことで、静かに流せればいい、放りっぱなしにしておけばいい。無理に止めたり、排除したりはしない、来るものは拒まず、去るものは追わずです。でも人間の眼はうまくできているもので、何段にも下の方にも備えがついているから、浅い眼はキョロキョロするけれども、次第に深い眼が確かに開いてきて、何か見えない全体が見えてくるし、まるごとの全体が感じられるようになるものです。「星の王子様」のキツネの言うことではないけれど、「大事なものは見えないんだ」です。しかし、その大事なものも、体が次第に感じさせてくれるわけです。深い眼は浅い眼と違うところを見てるわけですから、これがさきほど言った全点集中なのです。

あと触れておかなければならないことが一つ残っています。それが「悟り」の問題。これがまた大きく誤解されてしまっている。九十％は誤解ですね。その誤解の中心は、悟りに高い倫理性が伴っていると考えてしまうこと。人間存在への深い思索的洞察が体験されているように思ってしまう。勿論、倫理性が伴わないでもない。けれども、それは悟りの後の修業の問題で、悟りそのものには直接倫理性が含まれているわけではなくて、悟りというのは一つの認識的体験なのです。いままで対象と考えられていたものを体がどのように捉えたのかということです。言葉で伝えることのできないものだ、表現不可能なものだと言われますが、それに近い体験は日常でもけっこうあるものなんですよ。坐禅では三昧体験と言うけれども。

アメリカで言われはじめて、一時、よく使われるようになった言葉にランナーズハイという状態があります。マラソンランナーが七〜十㎞ぐらい走った時にたまたま出てくる状況で、中学生だって三年生ぐらいの教室で聞いてごらんなさい。一人や二人そんな体験を持っている人がいるものです。こうした話はたくさん聞けます。私にもその体験はあります。走っていると、ある時、体が宙を飛んでいるようで足が地につかないで、いくらでも何十㎞でも走っていけそう、息は苦しくなくって、風景は馬鹿にキラキラしていて、不思議な密着感がある。すごい時なんか、木の輪郭が光って輝いている。これが、ランナーズハイの状態ですが、これは事三昧という体験です。

対象とこちら側が密着して彼此一枚と呼ばれます。彼は彼岸の彼で、此は此岸の此ですよ。ここの彼此一枚の世界では、彼岸という天国は、すなわち此処、この現世でもあるんです。たゞ、事三昧は、走るのを止めれば消えて彼岸でなくなってしまいますがね。これが、走るの止めてもその感覚が持続していくことがあって、それが王三昧です。いつまでもそんな状態が続いていく。私の場合、三週間ほど続いたけれども、それまででした。実に面白いとんでもない体験で、私はそれで、人間の「からだ」っていうものは常識を全く超えたえらいものが出てくるものだということを知りました。深いものを見るということがどんなことかが分りました。それがきっかけでじつは、思弁的世界からいくらか離れることになるのです。知的世界というものの弱さというか、不確実さというか、虚しさというか、まあ信用はならないなと感ずるようになりましたね。

十六.「痛み」のマンマン中で坐る

大分延々とお話しさせていただきました。みなさん、お疲れでしょうね。少しまとまる方向に行かないことには、どこまで行っても話が拡ってばかりでは困りますので、私自身の「なま」な体験の一つで、今日の話の集約点になりそうなことをお話ししたく思います。十年ほど前、私、いまの私の師匠に出会った時の話です。私はいろいろ迷った挙句、その師匠さんに会いに行ったのです。指導して下さいって頼みに行ったわけです。初めはケンモホロロで取りつく島もなかったのですが、まあなんとか頼み込んだ。

そこで早速接心があった。当時、私は四十歳台の十年間位でギックリ腰を十回位やってしまっていて、股間節が悪くて、坐禅で足が組めなくなっていました。股が充分に開かなくなっていたんです。それで少し困っていた頃、その師匠に出会うわけなんですが、この方を師匠にするよりないなと思った。しかし、足が組めないのに坐禅の指導をしてくれ、もないでしょう。そこで、ようし、正座でやってやろうと思ったんです。かしこまって坐る日本座ですよ。そう覚悟したのはいいけれども、正座というのは足を曲げて坐るわけだから曲げた足の上に体重が乗っちゃうわけです。坐禅は普通、坐蒲という丸い厚いのを座蒲団の上に置いて、その上にお尻を乗せて足を組むわけですから別に体重が乗るわけではない。これだって、足曲げてるから、すごく痛いことになるんですが、正座では体重がそのまゝ乗っちゃっているから、これは大変なことになるんです。一時間か二時間ならまあ何とかなりますけれども、接心では、一日七時間も八時間も坐るわけです。初めてそれでやる私に耐えられるわけがない。でも、何しろ、この人についてやるかやらないかのどっちかだから、年末出かけたわけです。何しろ、チャンスだったのです。それを逃したら、もうそのお師匠さん、それっきりになると思うから、追い返されそうになったのに、何とかしつこく言ってやらせてもらうことになったのだから、いやも応もないわけで、そこで行ったのがお正月の接心でした。十二月三十一日。奥多摩は雪で、その奥での一週間です。始めたのはいいけれど、もうその、痛いなんてものじゃない。たゞもう痛くって、足は腫れるは、気分は悪くなるは、食欲はなくなるは、吐き気はするは、という具合で、もう惨たんたる状態。あんまり苦しくって、もうこれは駄目だ、帰ろうかどうしようか考え続けながらの二、三日でした。夜も気が高ぶってほとんど寝られない、眠れない。それでも、まあ我慢し続けた。それで結局正月四日ですね、その朝でした。まあ骨が痛むって言うか、あんまり痛むから、足をちょっとずらすんですけれども、そんなことしたってものの数秒経てば同じことで、まあ痛みから逃げることばかりやっていた。そしてそしてそのとき、はっと気が付いた。それは唯まあ当り前と言えば当り前、何不思議もない当り前のことでした。体が分ったんです。それは何かというと、自分であまりの馬鹿々々しさにですね、あきれたんです。だってですね、大の男が、いい歳をして、こんな所に来て坐ってですよ、それでもう、たゞ苦しい苦しい痛い痛いって言ってるんでしょ。帰ろうかどうしようかって、ゴチャゴチャやってるわけです。そんなら、お前さん、とっとと帰りゃいいじゃないかって思ったわけです。自分でね。そうだよそうだよ、ね、いやなら帰りゃいいんだよなあ。それじゃ帰るかって言ったら、もう少し居たいとも思っているんですね、まわりの人だって、結構痛い足組んで坐ってるわけなのに、一人帰るのは恥かしい、なんて気もちらって走る。そんなら、こゝに居たいなら逃げたってしようがないじゃないか、どうもね、足が痛いからって山から降りて入院して足切ったって人聴いたことないぜ、痛いのはそのときだけだ、でも、そんな事は分っていたんです。そんなら、どうでもいいからどうともなれって放っとけばいいじゃないか、そうじゃなければ、お前、とっとと立って、ぱっぱっぱっぱって出てって自分の部屋へ行ってね、誰も止めないんだから荷物持ってね、はい、さようならって、たっちまえばいいじゃないか。ちゃんとどっちかにしなよって、自分で自分を問いつめた。そしたら、やっぱり結局もう少し居ようってことなんです。それで、そんならもうねえ、その痛いところの肝腎の痛みのところに気持ちを向けないでやってみようって、無理してみたんです。そしたら、何だか変なことに気が付いた。

不思議だったんですがね、あの猛烈な痛みの様子が少し、ほんの少し違って来たんです。何か痛みの質が少し違っているらしいことに気がついたんです。どういうふうに変わったかって言うと、それまでは吐き気がしちゃって気分が悪くって気が遠くなりそうだった。ところが、どうともなれって思ったらですね、あの吐き気が止まった。勿論、痛いんですよ。どうしようもなく痛いんですけれど、少なくとも吐き気はなくなって気が遠くなるような気分の悪さはなくなった。ですから痛いだけなんです。痛いだけだから何とか我慢できる。というより、痛みに眼を向けなくってもすむ、痛みに追いまわされずにすむ、っていう感じです。実は、そのわずかな違いが、もう大変な違いなんです。鐘が鳴るまで、鐘が鳴れば立って何分か歩ける、それで何とかやっていけるのです。そうだ何とかやっていけるんだなってことが分った。それまでは逃げようとするもんだから、追いつかれて、何ともやっていけないと思ってしまって、気が遠くなりそうになってしまったわけです。じたばた動かなければよかったんです。動くからもうどうしようもなくなる。うろたえるんですね。

十七.「ゴメンゴメン」で動かない

大体、私にはその坐禅の接心にどうしても行かなければならない理由があった。それは、私のまわりの人間関係がうまく行かなくなっていた。結局、いま考えれば、私自身の身勝手さと人間洞察の浅さから来たことだと思うんですが、何しろ苦しくってしょうがない。仕事するのもいやになっちゃっていたのです。でも、自分が変ればまた様子も変るかもしれないな、ということでそこへ行ったわけでした。まあ、大分大変な時ではあった。初老のうつ状態でもあり、少し早かったけれども停年が来てしまったような感じも重なっていましたね、そのときは。

ところがその足が痛いっていうことは、直接的な現実的なまさに生な苦しみそのものだったんですね。何しろそのとき、その場で足が痛むのだから、どうしようもない苦しみがそこにあると言ってもいい。そこで気付いたんですね。なるほど、苦しいことっていうものは、そこから逃げようとすると、そいつが追いかけて来てね、もっと苦しくなるもんだ、どうにもならなくなってしまう。吐き気が出て体が耐えられなくなっちゃうんですね、吐き気が出るってことは、飲み込めないでいる体の拒否反応でしょ。だから、体が拒否するんだから、その苦しいことは受け止められるはずはない、と考える。そこが常識ですよ。

だから、その苦しい事から離れて、何とかそれを受け止められるように工夫をして、まわり道かもしれないけれども、こっちの態勢をゆっくり立てなおして何とかそれを受けとめられるようにする。カウンセリングなんて、そんなことをしているように思うけれど、どうでしょうか。これが常識というもののとんでもない落し穴なんです。私も、そう思っていたわけなんです。

まさか、痛みの真々中で動かないことが脱出口だとは思わなかった。でも、あっ、て気が付いたわけです。何しろ逃げない、真々中にじっと居ればいいんです。真々中にじっとしていると苦しいけれど、いままでとちょっと違うところがあって何とかなる。耐えられる。逃げると追いつかれて耐えられるものじゃないということが分った。痛みとは苦しいことなんだから、苦しいことをかゝえ込んで生きるというのはどういうことか、というのがなまな痛みからひょっと分った。不思議なことに、お正月過ぎて仕事に出てみて、あれだけ嫌だったことがなんだかそれほど嫌でなくなっていた。私の中の身勝手な思い込みに実は振り回されていたのだと言ってもいいと思います。

苦しいことの真中で動かない、逃げないんです。でもね、こんなことは、前々から師匠方からいくらでも聴いていたことだったのです。見れば見っぱなし、聴けば聴きっぱなし、付きあわない、苦にもしない、痛みがあったら痛みを抱きかゝえるようにして坐らにゃ駄目だ、なんていつも言われていた。ところが頭のてっぺんで聴いているから、私の実体験にこのことばがぶつかってくることがなかった。体の中を火が走るような感じで分ることがなかったんです。ところが、そのとき分った。あゝそうか、そうだったんだ、なんて初めて分った。体験っていうのは怖いものですね。

　さっきお話した「ゴメン、ゴメン」ですねえ。ゴメンの真中に居る。その子はゴメンの真中に動かないで夢中で居たんですよ。これが極意ですね。そういう質の体験は、人間を行動的に変化させる。洞察が一瞬どこか無意識を変えて、生まれ変わらせるんでしょうかねえ。私はこのきっかけで、また坐禅に取り組むことになります。そのお師匠さんとももう十年以上のお付きあいです。門脇佳吉師といわれますが、このきっかけでカトリックの洗礼を受けることにもなり、いくらか視野も拡がったように思います。こゝが初めの方にあった、道元さんの「自己をならふ」ということでしょうし、深い目が開くということでしょう。面白いことは、内側の洞察というのは、体の奥底から来るものであって、決して外側から得た知識や理論を手がかりにして起ってくるというものではないことです。からだが洞察しないかぎり駄目なんですね。こういう点、教育というのは、それは学校教育の話ですが、ずい分と、とんちんかんな所があるようです。いかゞでしょうね、みなさん。

十八. 調身、調息、調心

いろいろお話しをしてきました。まだ、禅の公案のこととか、聖愚一如のこと、菩薩様のこととか、祈りのさまざまとか、きりなくあるんですけれど、それはもう止めにして、坐禅での最も基本のあり方と進め方について触れて、全体のまとめといたしましょう。調身、調息、調心ということです。からだと呼吸とこゝろ、です。

調という字は、調教の調です。強制の意味も少しはありますが、それから音楽でのハ調ト調の調、しらべですね、調和の調でもある、とゝのえる、です。ですから調身と言えば身を調える、姿かたちを調えるのです。凛としたすっきりした姿かたちです。坐禅は体が出発点です。体を端正にして調えるんです。何かにあわせる、何かの響きにあわせるわけです。だから、坐ったとき、たゞ柔らかければいいということじゃないし、だからと言ってがっちり体に力を込めて坐っても駄目なんです。坐って足が組めてしっかり足が床についていて、腰が入って、背筋首筋がすっきり伸ばされて、軽くあごが引けて、視線が前のなゝめ下に落ちる。最低限これだけのことができることを調身と言うんです。これも時々坐っての半年やそこらでは、なかなかいい姿かたちにはなりません。相当に坐った人というのは、坐った姿だけで、見ればどの位のものか分るわけです。見られる方も見る方もです。その内面がある程度分るわけです。見る方の眼もだんだんできてくるし、お互い分るわけで、怖いものですよ。

身が調ったら、呼吸法で息を調える。呼吸法は先ほどお話した数息観でいいわけで、「ヒトーツ、フターツ」とやっていって、「ココノツ、トォー」で「ヒトーツ、フターツ」にもどる。体の落着きがいくらかでてきて、数息観で始めると、例の意識のスクリーンでの問題がぞろぞろ出てきます。そのまゝ、たっぷりした呼吸で続けていく。呼吸は次第にだんだん深くなるでしょうし、呼吸の一往復も次第に時間的に長くなってきます。そこで、ゆったり大きい気分で数息観と意識のスクリーンとのバランスを取っていく。どこか自動車の運転と似ているように私には思われますが、そのあたりで大事に大事に自分を観るし、さまざまな、とっても言葉にならないような工夫がいる。何か手仕事とか、絵を描くとか、ある作品を創っていくようなそんな感じで、見えないものを見ていく、創っていくんです。そこで調心になってくる。

調心は、調身調息がなかなかにやれるようになった状態でしょう。心って何だって言われても困るわけですが、大きな気分、大きな山になったような気分、富士山になったような気分で、雲の上からゆったりのびやかにひろびろとした雲海を見ているような、そうした気分なら、心が調ったって言えるんじゃないかと思います。呼吸には、自律的に体が勝手に動いている部分と、自分がいくらか意識的に操作できる部分とがあるわけですから、その両者のバランスにうまく乗るんだよ、って言う説明もあるかもしれません。でも決して操作主義ではなくって、あくまでも向うの側の響きにこっち側がハモッていく。ハモルって合唱で声が融け合うことを言いますよね、そのハモルです。だんだん感じたり見えたりしてくるものにハモルんです。これをおのずと心が調うって言います。言い方を変えると、体全体が次第に活性化してきて、気力が満ちてきて、非常に五感が敏感になってきて、生きたまゝのバランスの取れた小宇宙になる、しかも外の世界と滑らかにつながっている。そんな風な表現でもいいかもしれません。

お寺の中では、あらゆることが細かく決っています。時間の割りふり、食事、掃除、看経、作務、生活のリズムですね、そしてあらゆる作法がやはり細かく決っている。何をどこで、いつ、どのようにしなければならないか。でもそれは強制されているというのではなくって、全体を調えるための手段方法として、長年の経験から出てきたものです。どうしてもそういう型が必要です。しかも、人間の声は使われず、いろいろの鳴りもので、打ったり叩いたりで合図します。その数は十種類位ありますかねえ、しかも音のリズムがいろいろになりますから、とても沢山の種類になって、なかなかメリハリがきいてます。人の声は雑念を引き起しやすいんです、それで鳴りものなんです。

調える、とは味のある日本語ですね。見えない何ものかとハモル、存在を吹き抜ける風に合わせる、なんていうのもいいかもしれませんし、ぶどうの木の幹の深い所には音があるわけでしょうから、それに耳を澄ますなんてのもいいかもしれません。

「こがらしの果はありけり海の音」

という句があります。何か聴こえるわけですね。

カウンセリングと信仰ということで、こゝまで来ました。聖書も使い、あれこれ雑多な話を入れすぎましたでしょうか。はじめ申しあげましたように、信仰はカウンセリングの理論的根拠にはならないかもしれませんが、カウンセリングというある営みに対して信仰というものは、必要条件のように私には思われます。充分条件ではないのかもしれませんが。でも、観点をちょっとずらしてみると、必要にしてかつ充分な条件であるのかもしれません。長い時間、ご静聴ありがとうございました。

［参照：『理論から実践まで——中学校のカウンセリング』斎藤幸一郎著・香山芳久編、牧書店、一九六五年。］

［カウンセリング研修会　講演　一九九一年頃］

Ⅲ.

慰めと癒やし

1993 — 2019

「慰め」と「癒やし」

先日、田舎に往きました。三晩ストーブを焚き続けました。ただ焚いたのです。底の灰は橙色に光って、枝を差し込めば、はじけて、すぐ炎です。二晩焚いても飽きません。のぞきながら焚き続け、炎を見ながらの三晩目、まあこれでいいか、となりました。目の奥の痛みが消え、頭の芯がどこか緩んで、想いは、何しにここに来たのかな、です。雪山を見る、落ち葉を踏む、てくてく山を、山道を歩く、うつむき仰ぎ、雪が踏めればさらによし。時に風が起こって山が揺れ、追われて戻る。そしてまた、火を焚く。テレビ、新聞とも離れて、頭痛と風邪気味の体の不調が薄らぎました。

砂浜を歩く、せせらぎや風を見る、聴く、闇をみる、寒い思いをする、茶室に坐る、ローソクを見つめる、昔を想う、人を想う、風景を想う――これは、私が授業で出した宿題です。日常から離れて、自分一人だけで過ごしてみる。普段忘れていたものを、見たり触ったりしてもらって、「あなたはどう感じましたか」です。普通部生諸君は乗ってくれて、アンテナの挙げ方、めぐらし方、先端の鋭敏さを、私によく分からせてくれました。

見えないものを見てとる感性はいいな、若さかなと思いました。

揺らぐ炎の色にあれこれ思いながら、私はここで「癒される」ということばを考えることになったのです。

向こうの何かがやってきて、やりきれなく疲れた自分を慰めてくれるという場合、自分を見ているのは自分です。慰めの対象となるのは自分です。ここはいつも中心に自分がいます。たしかに、いくらかの気ばらしはあるでしょう。気はまぎれるかもしれません。でもしかし、慰めはどこかで終わります。終わればそこは行き止まりで、先には行けません。また振り出しのやり切れない疲れに戻るだけです。一方、癒されるという実感は、これと全く違うことではないでしょうか。

そのとき、人は、次第に癒され、癒えていく自分の変化を凝視しています。呪縛の中のこわばった自分が緩んでいく不思議さ。そして、畏れ、さらに見えないものをじっと見続けるのです。見ている対象は変化そのものであって、中心に自分が居ません。そこには行き止まりがないのです。いままで気付かなかった世界の扉に手をかけているのです。さらに、先に進める中継点はここです。

慰めによる気晴らしでは、生命存在の悲哀を吹き払ってくれないでしょう。かえって、その悲哀に沈むその人自身のかすかな願い、ずっとずっと心の奥に秘めた小さな灯さえ、弄んで吹き消してしまうかもしれません。私たちは自分自身を慰みものにしたくない――

さまざまな体験を慰めとして使うのか、畏敬の念でじっと見続けるのか。

　聖書には、からだの障害の癒される逸話が数多く見られます。イエス・キリストはその最後に「あなたの信仰があなたを救った」（マルコ5・34、ルカ17・19）と言われた。

　この一言はとても重い意味を含んでいます。この教えの中核は、単にその人の障害が治ったことには、ない。苦しみから脱することのできた不可思議さを通して、その人がいままでは、苦しむ自分にしか向けることのできなかった目を、自分から離し、見えない手の働きの側に回らしたところにあります。回心です。イエス・キリストはその人の内なる大転換を正しく見てとって、「あなたは信仰を持った。その信仰があなたを癒したのだ」と断言された、そう私は思います。

　私はここまで想いが進んで、何かより元気になって戻ってきたのでした。

［手稿　二〇〇〇年］

痛みを

針が刺さったことがない
体の奥の　痛いところに
針が刺さったことがない

針がもし
私の中の一番痛いところに刺さったのなら
明日の私は変ろうものを
でもそれは
いつも私の外の硝子戸の向うのことだ

針が刺さる
痛みを通してだけ愛が見える

でも
そんな針が私に刺さったことがない

［手稿　一九九三年］

「からだ」で読みとろう・課題

これは、自分の育ってきた過去・未来の時間と空間とを深く「からだ」で読みとってみる課題です。

次の項目の中の三つ以上を選んで体験してみてください。危険なことは、決してしないように。

自分一人だけで実行することが原則です。

1. ハイキング（一人だけで半日以上）田園風景の中で。
2. 雑木林や森の中を落葉を踏んで歩く。（数時間）
3. 波打ちぎわで海を見る。浜辺を歩く。
4. 6～7㎞、車や人の特に少ない所、堤防などをゆっくり走る。
5. 小川や谷川で、せゝらぎを聴く、水面を視つめる。
6. 茶室やお寺の方丈などで静かに坐る。（正座で、2時間）

7. 風の音を聴く。（日常の場所でない所で）
8. 星空を見る。（北極星、大熊座、小熊座など）
9. 闇というものを見る。（都会地でない所で）
10. 雨だれの音を聴く。（日常の場所でない所で）
11. 「怖い思い」をしてみる。（闇夜手さぐりで歩く、高所から下をのぞく）
12. 思いきり「寒い思い」「冷たい思い」をする。
13. たくさんのローソクの焔をぼんやり、ゆっくり見る。（お寺、お宮、教会などで）
14. 小さな焚火をする。（音を聴く、焔を見る）
15. ゆっくりブランコなどに乗ってみる。（人の居ない遊園地で）
16. 深くなつかしい場所を訪ねてみる。
17. できるだけ大きな声を出す。（海岸の波の音にまぎれて）

これら以外のことでも、何か自分で工夫ができるものなら、やってみて下さってよいと考えています。

○　体験記をレポート用紙3枚以上に書き、提出のこと　（提出日　三月一日）

［普通部授業・カウンセリング　記録資料　一九九〇年代］

鳥占い師を育てる

私が普通部の教師になったのが昭和二十六年のことですから、私は教師生活を四十年続けたということになります。その教師の生活もそろそろ終りに近くなりました。さしたる確信もなくこの生活を始めた私は、就職して三年、五年と経つうちに、教師としての自分の大きな問題に直面することになりました。それは「つまるところ、こどもを育てるとは一体何なのか」ということでした。以後、ずっとあれこれ考え続けてきたのですから、自分でもよく続いたものだという想いがどこかにあります。

その間には、ある時には若い気負いもあり、またある時には気落ちした挫折があり、またある時にはなかなか立ちあがることのできない大きな病気などもあったわけです。登り降りした長い長いそれらの山坂は、それなりにこの一つの設問への検討の姿勢を私に厳しく課しました。しかし、この長い時間を費やしてさまざまな角度からの検討という作業を続けてきたわけですが、設問の答は、初め私がねらっていたところから、返って来ませんでした。いまもってこの難問に対する答は、さっぱり仕上りません。書いては消され、書いては消されで、その答案用紙は大分うすら汚れてしまって、もう見る影もありません。

私が初めねらっていたところの答は、いま振り返ってみますと、どうもずい分と知的であり、論理的であり、枠組みの比較的はっきりしたものを期待していたようです。何か、一つの筋道と構造というよそおいを必要としていたかのようでした。ですから、答としてのそれらは教育哲学でよかったのかもしれないし、教育心理学でもよかったのかもしれないし、場合によっては、うまく組み立てられてさえいるものなら、ある種の教育方法論であってもよかったのかもしれませんでした。しかし、あるとき私は気付きました。どうもそうではない、私が初め求めていたその答というものは、そんな形のものである必要はない、私の体の奥底で、はっと分るようなものであればいい、深く願っていたその答は全く常識的なものである必要はない、ということでした。そうです、その答には、学問的な衣をまとっていなくても、直観的に私を納得させてくれるものであるならば、それで充分なのです。教師生活を始めて二十年ほど経って、初めてこのことに気付くようになってきたのでした。

これは、私だけの特殊な納得の仕方であるのかもしれませんが、何しろどこかでピンとこないようなものでは、私は納得しないということです。このピンとくるというのは、これまたやっかいな代物です。なかなかに難しい注文であると言わねばなりません。ずい分とわがまま勝手な、ない物ねだりのことです。何しろ「結局のところ、人間の如何なる営みをば教育と呼ぶのか」について、ある種何かの答えで人にピンとこさせるもの、というのですから。

さて、早く本題に入らなくてはいけません。私は私がピンときたことをここに書いてみようとするけれども、私が「ピンときた」ことについて、ここで何かの論述ができるとすれば、これまた不思議なことになってしまいます。何故なら、このような報告書や紀要のようなものこそ、よほど整理のされた、筋道の立った文章で述べられるべきもので、ただピンときさえすればいいなどと言っている私が、そんないいかげんな態度で書き散らしてよい場所ではありません。私の言いたいようなことは、私にもしできるものなら詩や脚本などという大分違った表現形式の方がぴったりすると思わないわけでもありませんが、私にはそんな能もありません。しかし、担当の方のおすすめもあって、ここはひとつ相当に気楽に書かせてもらおうと思った次第です。そこでいくらかの工夫として、エピソードを二つ三つ挙げることでそのポイントを押えるということにしてみます。果してうまくいきますかどうですか、御許しをいただきたいと存じます。

一．エピソード――その一

Aさんという方がいました。慶應の工学部管理工学科を出られて、いまB社という企業におられ、就職情報に関連するさまざまな仕事をしておられます。大学院では、コンピューターでのデータ処理や数理工学について学ばれたそうです。私とは普通部生の時代以来のおなじみですから、すでに三十年以上の付き合いということになりましょうか。先日、この三月に普通部を卒業して高校に進学する諸君に、彼の生き方やものの捉え方を話していただく機会が持てました。その演題は「メディアとしての人間」でした。

彼のされている仕事の一つに、来春卒業予定の大学生を対象にした就職情報の発信があります。その仕事の内容は、その方面の大手企業としてのB社が行っている活動とまた一味違った領域を探っておられるようです。御存知のように、B社は著名な就職情報誌を発行しています。学生達が無償で送付を受けるそれは、極端に分厚いもので、各企業についてのデータが実にさまざま盛り込まれています。この印刷物を受け取った学生達は、利用する気持ちさえあれば、そのデータを彼等にとってこの夏の天下分け目の戦いである就職活動の参考にすることができるわけです。しかし、その送りつけられてきた資料があまりに厖大な量であるがために、そのデータとしての特性が利用されないまま、ただ捨てられてしまっていると言われています。私などでも、その電話帳のような驚くような厚さとその内容のとてつもない情報量に、何をどうして良いのかよく分らなくなるのです。例えばC企業とD企業をどう比較していいのか分りませんし、同種の企業の中で自分に似合いの会社とはどれであるのか拾い出しようもなくなってしまうのです。

この種の資料を御存知のない方は一度是非見て下さい。一見の価値があります。そうすれば、私の言うこともなるほどなるほどとなるに違いありません。どうも、現代っ子の学生達でもやはり似たような感想をこれについては持つらしい。就職活動に向かう学生諸君は、この現代情報社会の申し子みたいな、これらの就職情報誌を横目で眺めるだけで、彼等は最終的には大分違った方法で自分の好みの企業を選んでいくものらしいのです。人からの評判や口こみや、先輩を頼ってとか、面白そうな人の紹介でとかなどなどで。不思議なことに、その学生諸氏がたぐり寄せる糸は、印刷物の中から拾われるのではなくて人と人とのつながりという形の長い糸であるようなのです。どうも印刷可能なデータではないらしい。さて、Aさんはそこに眼をつけたようです。情報媒体についての大きな設計変更なのです。

昨年春、あの日本武道館に一四〇社の企業から、各企業一社につき三人の代表を派遣してもらい、平成就職ライブと称してお祭りをやったのだそうです。広大なあのフロアに一四〇の企業の小コーナーをそれぞれ作って、その代表選手三人が待機する。学生達は各所を歩きまわって、その人達を見て歩いてどこかピンとくるところがあれば、その三人の話を聴いたり質問したりもする。ピンとこなければその企業の前は素通りです。そのほかの行事もあれこれあったけれども、大事なのはこの奇妙なお見合いの場所だと言うのです。私もビデオで見せてもらいましたが、何とも驚いた風景でした。昨年がまず第一回のイベントだったそうですが、二日間で六〇〇〇人の学生が集ったというのです。

Ａさんは言います。「人間の声とことば、表情、その所作にはその人間の深い内容がすべて露わにでている。それが人間の姿かたちというものだ。この人間の姿かたちこそ最高級の生きた情報というべきものなのです。だから、一つの会社の代表としてのＸさんＹさんＺさんを見れば、その会社のすべてが分るはずだ。だからそこで、人間の博覧会をやればいい。動物園みたいに。屋台みたいのを出して。そうすれば、そこで何かが働きはじめるのだ。いまの若い人はそう年配者の言うように見捨てたものではない。このような情報の集約点としての人間を見る眼とその術を知っている」。

これは大変面白い捉え方ですし、また恐ろしい提案だとも言えるでしょう。彼はさらに言います。「印刷された情報はいくらでもトリックがきく。映像情報もまたどのように作り換えもできる。しかし、なまの人間の姿かたちに、ごまかしは全くきかない。一瞬の印象には極度に濃縮された真実がある。会社を選ぶために、その選択材料を知識だけに限ったのでは、その作業は不可能だ。何故なら印刷された情報は、行動決定のための充分な根拠とはなり得ないからだ。行動決定にはもっと深い情動が結びついた材料が必要なのです。会社を選ぶ手がかりは、一体この人と喜怒哀楽を共にできるか、自分が本当に一緒にいたいような人間がそこにいるか、信じ許すようなグループをそこで作ることができるか。好きになれるかなれないか、それが鍵なのですよ」。

Aさんの人間を捉える哲学とその視点は、人間のいやも応もなく示してしまう、その場そのときのその人の姿かたちに、あらゆる情報の焦点を置いているかのようです。それがまさに人間にとってなまなましい具体的な職業の選択、企業の選び方ともなれば、そこで働いている人間のありのままの姿かたちそのものに、その企業のすべての、過去と現在と未来との真実を学生達は見てとってしまっていると言っておられるようです。私がAさんからこの話を聴いたあとで、ある時、慶應義塾普通部の教員室で、Aさんと彼のしていることについてのおしゃべりをしたことがありました。大変に面白がった先生方の中である若い先生がいみじくも言ったものです。「この学校の代表ってことで、三人選ばれるとしたら、それは一体誰なんだろう」と。これはまた、えらい難問には違いないのですが、なかなか味のある面白い検討課題になるのではないでしょうか。

二．エピソード――その二

マルティン・ハイデガーという哲学者がいました。二十世紀最大の哲学的巨人であると言う人もいます。あまりにも有名で、しかもあまりにも難解ですから、この人の話をするのは門外漢の私には少々荷が重い。けれども、「エピソード 一」と関連して、なかなか面白い課題がありますから、あえて考えてみましょう。

ハイデガーの主著は『存在と時間』（一九二七年）でしょう。この中でハイデガーは「存在」について彼の深い洞察をさまざまな角度から述べています。非常に難解ですが、私などにもその卓見が分る部分があります。しかし、この大きな論文の中で彼は存在論を論じたかもしれないけれども時間論は充分に論じたとはとても言えないと思います。結局、彼は彼の時間論を先に持ち越して、しかも論文形式というよりは、やや随想形式で直接間接に時間について述べています。「時間」というものを論述の形で追うことの困難さは私達にも分ることです。しかし、思索というものの最も根元的な部分には、この時間の問題が厳然と立っていることも事実です。

哲学の根本問題として、論理の問題、因果律の問題、主客二元論の問題、「超越」の問題等々に、この時間の問題がからんでいて、まことにやっかいな事なのですが、逆に時間の問題ほど面白い所もないように私には思われます。あなたの時間論を聴かせてください、と言えばその人の一番奥の感覚と感じ方が分りますし、哲学的な捉え方も大体分ってしまうということがありますから。しかし、ここではそんな所には立ち入らないで、ハイデガーの挙げている興味深い小論文の一部から彼の時間論とその周辺を見てみたいと思います。

ハイデガーの後期の作品の中に「アナクシマンドロスの言葉」という著作があります。論文集『森の道』の中の一篇ですが、彼はここでカルカスという「鳥占い師」をホメロスの『イリアス』から抜き出して、そのカルカスが何を見たのかということから、彼の時間論を展開します。彼の語るところを少し見ましょう。

さてホメロスはこの語において、一体我々に何を語っているのか。この「イリアス」の初めのところから、我々はトロイアを前にしたアカイア人（ギリシャ人）の状態を知る。即ち既に九日も続いて、確かにそれはアポロの神意によるのであろうが、ギリシャ人の陣営にはペストが猖獗をきわめている。そこでアキレスは軍隊を召集するに当って、予言者カルカスにこのような神の怒りを占うようにと命ずるのである。

「再び立上りたるは
最も賢き鳥占師、テストルの息子カルカス、彼はあるもの、あらんもの、またかつて
ありしものの何たるかを知りてあり、
いまはまたトロイアの浦にまで、アカイア人の舟を導きしも
これただ日の神アポロンの許し給いし予言のわざによりてなり」。

ホメロスはカルカスをして語らしめる前に、このように彼を予言者として性格づけている。予言者と呼ばれるべき人は、知りてある人なのである。……実際、人は見たことがある場合に、初めて真に見て知るわけである。見るということは、見たことがあるということに他ならない。あらかじめ見られているものこそが、現われては人の眼前にとどまることにもなる。予言者（見る人）とは、常に既に見たことがある人である。彼が先のことを

見通すのは、あらかじめ見たことがあることによってである。言いかえれば彼は、完了からして未来を予見する。こんな風に見たことがあることとしての予言者の予見について述べる場合に、詩人はそこで、「予言者は予見した」ということを、むしろ「彼は見たことがあった」という過去完了形で語らねばならなかったのである。一体しかし予言者は、何をあらかじめ見ていたのであろうか。言うまでもなくそれは、彼の視界を貫いて来る明るみの中に現存するものであるほかはない。かかる予見の中で見られていたものは、ただ単に隠されていないものとして現存するものだけであり得る。それにしても一体、何が現存するというのであろうか。詩人はこれを〈あるもの〉、〈あらんもの〉、〈かつてありしもの〉という三つのものとして挙げている。

ここでハイデガーは「あるもの」の中に「あらんもの」と「かつてありしもの」が読み取り得ることを強く述べる。

「鳥占師カルカスは、飛ぶ鳥の中に過去と未来とを見て取る。知りてある人なのだと言う。『あらんもの』と『かつてありしもの』とは、『あるもの』の中に決して隠されていないのだと主張する。さらに彼は予言者について述べていく」。

予言者とは、現存するものをその「隠されていないこと」において直視する人であるが、この場合「隠されていないこと」とは、現存を欠くものを、現存を欠くものとして、その「隠されていること」にも同時に光を当てているようなものでなければならない。予言者が予見するのは、彼が一切を現存するものとして見通している限りにおいてである。そしてまた、あるいはむしろそれ故にこそ初めて彼は、トロイアの浦にまでアカイア人の舟を導くことができたのであるが、このことを彼は、神から授けられた予言のわざによってなし得たに過ぎない。予言者とは、言いかえればうわ言を言う人のことである。……うわ言を言う人は正気を失っており、気が遠くなっている。……かくして予言者はすべての仕方において現存するものの「現存」という、かかる統一的な遠さの中へと正気を失っているのである。……予言者のかかる失神状態としての狂気は、決して彼が狂人としてあばれること……眼をむいたり、手足をはずしたりということの中に存するのではない。むしろ予言の狂気は、身体的な統一の目立たぬ平静さと共にのみおこなわれ得る（田中加夫訳、理想社版選集）。

大分難しい文章をずい分と引用してしまいました。ハイデガーの文は特殊でハイデガー語と言われて特に日本語訳として難解をもって右に出るものなし、と言われています。鎌倉時代の禅僧道元が和文で説いた『正法眼蔵』の言葉にも比されて理解が困難ですが、やはりその意味が深いが故に難しいのだと思います。

ハイデガーはここで何を伝えているのでしょう。私なりに意訳をしてみればこんなことになりそうです。鳥占い師カルカスは何を見るか。「あるもの」という飛んでいる鳥をカルカスは見ています。ただそれだけのことなのですが、賢き鳥占い師であるカルカスはその飛ぶ鳥の中にすべてを見てとるのです。カルカスは多分鳥の飛ぶのを見ているのではないのでしょう。鳥の飛ぶのだけを見ているのではなく、ほかのものもすべて見ている、というのでもないのでしょう。多分鳥の飛ぶのを見ているのでもなく、空や雲や海や軍船やトロイアの城やそんなものも一切見ているのではなく、ただ鳥の飛ぶ中にすべてを観てとってしまっているのでしょう。現代人が見ている風景とは違うものなのでしょう。彼は見るのではなく、観るのでしょうか。ハイデガーは、それをうわ言とも、狂気とも呼びます。しかし、彼は同時にその狂気は「身体的な統一の目立たぬ平静さと共にのみおこなわれ得る」と言います。これはまさに宮本武蔵（一五八四―一六四五）が『五輪書』の中で言っている「見の目」、「観の目」の論と重ねて理解することができそうです。武蔵は「観の目強く、見の目弱く」と述べます。見の目とは分析の目、論理的因果を追う目で、観の目とはまるごとボンと捉えてしまう眼のことのようです。

　鳥占い師カルカスは、「あるもの」の中に「あらんもの」という未来と、「かつてありしもの」という過去とを同時にかぶせて一瞬に観て取ったのです。この時間論はなかなかに面白いと思います。どこか、私達の奥の方で、ちょっとピンとくる所があるように皆さんには思われませんでしょうか。

三. まとめとして

エピソードその一とエピソードその二の話をしてきました。エピソードその一はAさんの考えている就職情報媒体の設計方針と企画とその実施についてでした。従来の広報媒体とは全く違う次元での表現方法は、それなりに高く評価されはじめているようです。彼は「会社に入るということは、ほとんど結婚の相手を選ぶような重さがつきまとうもの、だから、むしろ言語でないものを通じて表現するほうが、ある種の運動感や明るいものを演出できる」などとも言っておられます。三人の代表選手においてその姿かたちにおいて、その企業の未来を観させてしまう。この「姿かたち」という一言は、実に驚くべき沢山の意味が含まれています。沢山の意味の中にはきっと次のようなことが入っているに違いありません。

それをいくつか挙げてみれば、きっと次のようなものがあるでしょう。人間とは何なのか、魅力ある人間とは何なのか、人への説得とは何なのか、言葉とは何なのか、声とは何なのか、所作とか作法とは何なのか、またそれらのすべてをひっくるめて、美しきもの、愛らしきもの、好ましきもの、そして嫌な気分にならせるもの、反撥を感じさせるもの、とは何なのか。若い人達は「カッコイイ」という言葉を使いますが、いまここで挙げていることとこの言葉とは、これまた決して無縁であるわけでもないように私には思われるのです。

さて、ここにエピソードその二をかぶせて見ます。もうくどくど言う必要もないのでしょうが。飛ぶ鳥は、三人の企業の代表選手であり、鳥占い師はそれを観て歩く学生諸君であるわけです。こういう思想が一般的になってくれば企業の側もこれからは、企業の未来を姿かたちで表現できる魅力的な人物とは何かを研究しなければならないでしょう。それは直接企業で生きる人間の生き甲斐ということに結びつくでしょうし、人間の一生を見通した、より豊かな成長ということももっともっと視野に入れなければならなくなるでしょう。しかし、いまここで私が提起したい問題はもう一方の占い師の方です。占い師とは一体何かということであり、占い師の眼力とはどれほど深いことなのかということです。占い師は賢くなければなりません。賢いということは、お見合いの相手を瞬時に見分ける眼力があると言うことです。この点について、私はそんな能力がいまの若い人に充分に備わっているなどとはとても思うことはできません。その点でAさんの方が私よりも若い人達への評価が高いようです。年とった私の方が柔軟性に欠け、人の長所を認める能力が低下してきたと言えなくもないかもしれませんが。

慶應義塾大学もその例外ではありませんが、体育会が衰弱し、社交サロンめいたクラブが続出してくる現状を見ていると、剛直さなどという言葉はもう死語になりつつあるのだと思わないわけにはいきません。柔らかな優しそうな都会的青年は多いけれども、どうも迫力がありません。迫力がないところに、相手を瞬時に見分ける眼力など育ちようがないと思われます。何故なら、眼力は知的能力と直接結びつくものではなくて、厳しい修業の中で育ってくるものだからです。修業とは何かと言えば、体を動かし事柄に集中をすることでしょう。体を動かして事柄に集中すれば、それがどんな事柄でもその人物の迫力を育てることになります。その人物はどこか堂々としてくるように思います。そして、その人物の迫力は、一瞬に見分けるという作業の中で、具体的な眼力として現われて来ます。迫力のある人が、ポンと突けば、相手の力量はすぐに分るものです。これが眼力というものでしょう。見分けるという作業は、眺めていてできるものではありません。必ず接触があり、踏み込みがあり、そこに勝負が生じ、勝ち負けの決着がつくものだと思います。

ここでまとめの最後になります。私は教育の中で大切なのは学習者が眼力を付けることだと思うようになってきました。ですから学習者が何を学ぶかが大きな問題となります。いままでの学校は、静かに授業を受けて、よく理解してよい答案が書ければ事が足りました。これはもう情報が過多の現代には向かない教育方法のように思われます。議論をし、体を動かし、自分の中の何かを変質させ、そして脱皮する。「あるもの」の中で動いて、その「あるもの」の中で「あらんもの」と「かつてありしもの」を体で読み取ることができる。それこそ、眼力がつくということであると思われます。学習者である生徒の側に、その眼力についての動きが大きくなるためには、教師の側によほどの眼力についての洞察がなければ、その教育システムの検討などできようはずがありません。これは他人に言えることではなく、私自身の自戒の想いであるわけです。

Aさんは最後にこんなことを話してくれました。「年配の企業経営者からはほとんどその企業の未来を読みとることができない。固定した視点しか感じられない。その企業に活力がある場合というのは、やはり若い年齢層のグループからの発想が生かされている時に限られる。先ほどの代表選手三人も、中年以上のオッサンは大体不合格の烙印を押されてしまう。多分、その中年以上のオッサンからは、会社の未来の香りが読み取れないからでしょう」。学校という一種の企業の中の中年以上の先生方は、この点いかがでしょうか。ここはひとつ若い先生方に大いに活躍をしていただかねばならないのかもしれませんが、若い先生方の発散する未来への香気というものを、われわれ年配者が意外に気付かないのはまことに恥かしいことだと言わねばなりません。しかし、私のようにもう老年の域に踏み込んでしまったとき、一体どんな所に出番を求めればよいのでしょうか。うかつに年はとれないものだと最近つくづく思う次第です。全く大変なことです。だいぶ長くつまらないことを書きつらねてしまいました。ここまでの私の駄文を御読みいただきましたこと、まことに有難く、御礼を申しあげたく存じます。

［カウンセリング　記録資料　一九九六年］

アダム　知恵の木の実を喰らう

エデンの園のアダムとエヴァの話は、旧約聖書はじめの「天地創造」の次のエピソードです。人間の罪の根元といわれる善悪の木についてのこの不思議な話を、私は最近しみじみと考えるようになりました。

「主なる神は園の中央に、命の木と善悪の知識の木を生えいでさせられた」（創世記2・9）。禁則を持つ木が、なんと目の前の園の中央に置かれているのです。奇妙な話です。土から造られた人間の前に、神の側からの初めての試みが置かれたのです。

男アダムは女エヴァの、女エヴァは賢い蛇の誘いで、この木の実を食べます。目が開かれ、そして早速隠れます。神との裸のつきあいを恐れたのでしょうか。アダムとエヴァは裸という無防備な姿から、いちじくの葉をつづり合わせ腰に巻くという防備の姿勢に変わります。またアダムはエヴァのせいにします。「わたしの連れとしてくださったあの女が……」と言いますから、暗に神のせいにしているのでしょう。エヴァはエヴァで「蛇がだましたので」といいます。知恵の木の実の効果は絶大で、忽ち言いのがれの一言が出てくるのです。

では一体、知を手に入れたということの本質はどんなことなのでしょうか。問題はたんにことばが操作されたなどということにあるのではなく、その奥の内的な思考構造に大転換が起こったことだと思われます。アダムとエヴァは、はじめ裸が恥であるともないとも思いませんでした。そもそも判断するなどということが存在しなかったのです。しかし、知はすぐに他者とおのれを分け、天秤に乗せます。計ります。弁別をします。軽重、長短、大小、黒白、正邪、美醜、損得。

勿論、その前提として、もともと一つのものを二つに分離し、主と客とし、見られるものを対象化する、という二元論を成立させます。論理での排中律であるわけで、向う側とこちら側の中間点を認めません。でも一方で、決断する自由という貴重なものを、こちら側の主体の中に確保し、自我を意識します。ここは近現代人のごく当然な認識論上の姿勢なのですが、この姿勢が何故原罪などと言われてしまうのでしょう。視点をずらし変えて、違うスポットライトをこの問題に当ててみます。

重大な病気の宣告、極度の悲哀や苦しみに人は向き合わねばならない時があります。生死も分けかねないほどの苦痛を、向う側の対象として扱うことはできないでしょう。ときには、否認、怒り、抑うつ、あきらめなどを通って受容に至ることがあり、そこではじめて生き続ける意欲が湧くのかもしれません。この苦闘の戦場では、比較とか操作とかの作業は一切不可能で、ただイエス、イエスの姿勢があるだけです。

私自身のことです。「……は何故か。何故ならば……」が一切通用しない場所、「私の自由」というレバーが、全く役立たずのしろものになる場所に、ある時立たされました。否も応もない宣告の場でした。時間が過ぎ、何とか戦火が静まったとき、頼りにしていたことばと論理の徹底吟味が、私には必要でした。これは痛切な反省でしたが、不思議にも一種の爽快感もあったのです。爽快、それは知的論理の呪縛の強靭な綱が切れてしまったことからきたのでしょう。

アダムとエヴァの話が、私にとって違った観点から新しいものとなったのは、その時点からでした。とは言っても、この話の中核の罪とは一体何なのかは、さらなる難問です。まこと、罪とは神秘です。そのパラドックスは不気味な立体構造で、歯もたちません。しかし、人間に負わされてしまった自由というものの中で、わが身さえ捨てられるなら、突破口ぐらい見えるかも知れん、というのがいまの私の甘い希望であります。

〔『カリタス女子短期大学学報』二一一号　二〇〇二年〕

イエスさまよ　でもさ

あなたそう　ありゃあ一体　本気だったんですか　あなたのおっしゃることば
困るんだよなあ　疲れたら　やっといで　休ませてあげよう　なんて
でもさ　いいんですよ　もちろん　いいんですよ　人がゆっくりと休めるのは
あっしだって　救われた　重荷下ろせた　あなたのところで
そうです　そうです　そうですとも　安心の中で　眠る人は美しい　こっちも安心
でもさ　あれから　もう十年　遠くで　いえいえ　ほんの近くで　あなたが見ていてく
ださってても
みなさん　ちったあ　てめえの足で立ってくれないと　ねえ
三年五年　いっしょの連中　全く　ほんとに辛かった　石投げられるは　体こわすは

三日食べない日もあった　ぽつぽつ減ってって　残った一人も　ああ三月も前に野辺の
別れよ

それではさ　せっせせっせの　こっちはたまらない　息せききって　走るこっちは　ねえ
もうもう　あっしは　つくづく　へばった　くたびれた
でもさ　それが　こっちのつとめなら　そうです　そうなんです　あなたのおっしゃる
ことば　まあね
いえ　ええ　いいえ　いいんですよ

でもさ　このままずっとずうっとじゃあ　いくらなんでも　困るよなあ　いままで十年
ああ
言わせてくださいよ　お恥ずかしいけど　こっちは　ただただ　駆けずり回って
あっしの袋はカラッポだ　だのにまたまた　杖もいらん　袋もいらんって　あなたの
叱り

でもさ　こんなところで　おおい　すっかり元気になったよ　おかげさん　なんて
そんなこと　声掛けてくれる人　いたらなあ　手なんか振ってさ　あんたと一緒に歩こ

うかなんて
そんな顔　明るく　見せてくれないかなあ　ねえ　そしたらどんなに

でもさ　やっぱり　イエスさまよ　これは　どうしたって　あなた　そうだ
これは　ただただ　無謀というものです　やっぱり無謀　無謀そのもの　ええ　あんれ
またまた
あなた　そんな目で見ないで下さいよ　あなた　あのとき　ああ　その目　ああ　あの
目　そんな目
ああ　ごめんなさい　悲しくなっちゃう　なんたることだ　しんどいなあ

ついて来たのは　そうです　確かに確かに　このあたしぜんぶ放っぽって　それはそう
です　だから
いいんですよ　そうなんです　どうぞ　やってらっしゃい　みなさん　ええ　ゆっくり
お休み
でもさ　ええ　いえ　いいえ　いいえ
いいんですよ　やっぱり　いいんですよ　はい　そんなことは　どうでも

マタイ11・28「疲れた者、重荷を負う者は、だれでもわたしのもとに来なさい。休ませてあげよう。わたしは柔和で謙遜な者だから、わたしの軛を負い、わたしに学びなさい。そうすれば、あなたがたは安らぎを得られる。わたしの軛は負いやすく、わたしの荷は軽いからである」。

［教会　記録資料　二〇〇二年］

いのちの形、そして風のゆくえ——根源のありかを考えましょう

皆さま、こんばんは。今日は講演の機会をいただき、感謝申しあげます。昔から私には、おっちょこちょいというか、早足に物事を考えてしまうというか、そんなところがあって、話がピョンピョンと跳んで、先生の話は聞いているときは面白かったけれど、あとで何を言われたのかよくわからなくなる、と普通部生からも言われました。今日もそうなりかねませんが、人間にとって最も大切な問題、「死生観」に踏み込んでみましょう。

皆さまはいま、おいくつでしょうか。六十五歳の方から若い世代の方々まで、たくさんいらっしゃるようですね。私は八十五歳になります。こうした会場に立つと、五十年以上前の普通部の教室を思いだしますが、今日ご参加の皆さまを前にすると、それぞれのご立派な表情、社会のなかでさまざまな経験を積まれたお姿の雰囲気に気持ちが弾みます。そうした皆さまの前で、偉そうなことなど言えるはずもありませんが、まず私の信仰からお話しましょうか。私はいま、カトリックの信者です。もう三十年以上前に洗礼を受けました。教会でも、もう最年長の部類です。何を言っても破門されることはない世代かもしれ

ませんが、私のキリスト教とは、何なのでしょうか。よく自問します。頭のてっぺんぐらいはキリスト教だと思いますが、からだの中には仏教的・神道的なものまであって、下のほうにはアニミズムか何かもありそうです。そう、重層信仰なのです。というのも、キリスト教、仏教・神道、いずれの信仰も、一番深いところはあまり変わらないものなんじゃないかと、私は思っているからです。

とはいえ本日は、そうした宗教学的神学的なことは抜きにして考えさせてください、などと言っても、一番深いところ、根源を捉えることは、例えば、日本の俳句、短歌を見ても明らかです。そこでは、深い存在を探る傾向が明確かつ濃厚です。それが宗教的感覚ではないと言ってみたところで、短歌・俳句をつくっている方々は数百万おられ、これらの方々は、そういう深い感覚をいつも持っておられると思わないわけにはいきません。

今日は、一時間ほどたったところで、そちらからご質問をいただきます。また途中で面白くなかったら手を挙げてください。ご意見をいただければ、内容を変えましょう。

一．三木成夫『胎児の世界』

今日の話題のために配布プリントを四種類ほど用意しました。その最初のプリント。挿図は、ヘンチョコリンで不気味な人間の胎児の顔です。三木成夫（一九二五―一九八七）さんは医学者・解剖学者で、私よりすこし上の方です。彼の仕事は、着眼点という点でノーベル賞級と評価されますが、亡くなるまではさほど有名ではなかったように思います。没後、医学の面からではなく、文化人類学や哲学・思想史からにわかに注目を集めました。私は、亡くなられて五年頃でしょうか、著作に触れて驚愕した。いまも入手しやすい著書は『胎児の世界——人類の生命記憶』（一九八三年、中公新書）、『内臓とこころ』（一九九二年、河出文庫）、『生命とリズム』（一九九三年、河出文庫）などです。人間の存在、その神秘性というか、生命の神秘性をここで一緒に感じていただけたら幸いです。

このプリントは人間の受胎、三十二日から三十八日の七日間の間に、どれだけ胎児の形態の変化があるかを明示しています。これはまた、後ほど細かく申し上げてみようと思うんですが、時間論です。それから、胎児は生まれてきたときに、時間の感覚、空間の感覚を一体どのように捉えていくのか、の問題。三木さんのなさった仕事は、その後、お弟子さん方が、どんどん深めていくことは不可能だったのかもしれません。私がこれからお話しする中で、その点をおわかりいただければ幸いです。細胞の中にある記憶が三十億年の生命の記憶を保っている、と。そんなことを言ったら、たちまち現代の生物学者、医学者から怒られてしまうかもしれない。けれども彼は「面影」なんていう言葉まで使うんですね。なかなか難しい言葉です。何か人間の面影。面影とは、日本語の言葉としても、おもしろいけれども、私たちにとって興味深いのはやはり時間論なんです。

時間の論議というのは、皆さん、どこかでお考えになったことがあると思いますが、時計でもって一秒、一分、一時間、一日、一ヵ月、一年、こうした捉え方がどこかもう、私どもの中にしっかり組み込まれている。何年間とか、何秒間とかというようなもの。でも、よく考えてみると、時間って何だかわけがわからないものですよね。過去、現在、未来、こうやって生きているから、我々は時間なんていうことを何かわかっているような気がしてますけれども。ビッグバンでもって、宇宙ができ上がったときに、一体、その前はどうだったのか、なんてことを当然考えます。でも、その前なんてことは、それはないらしい、とか。何にもないところに、ポッと何かが出現したなんて言われても、私たちには、人知を越えた話でしょう。一つだけ申し上げてみます。プリント右下に記載しましたが、「ニワトリは、二十一日で有精卵が孵化する」、ヒヨコになるそうです。人間は十ヵ月十日というから、三〇〇日、三一〇日でこの世界に生まれてきます。

ここで起るすごい事態は、母親の血液の中から取っていた酸素を、呼吸でもって空気中から酸素を取ることになる変化でしょう。あのとき、オギャーと言ったところでもって、彼、彼女の人生が始まる。ところが不思議なことは、一番上にあります。「個体発生は系統発生を繰り返す」。系統発生というのは、要するに三十億年の生命の系統です。単細胞から始まって、三十億年かかって我々のいまに到達するわけです。一つの生命体は、それを通らない限り生命として生まれることはできない。ニワトリが二十一日で孵化するのも、やっぱり二十一日間で三十億年を、母親の体外の時間で言えば、二十一日間でもって、ヒヨコにまで変わるということですね。

大きな問題は、海水の中で生まれた生命が陸上に上がってきますね。ちょうどその時期が人間の、これで言うと三十二日から三十八日、その七日間。資料上部の図は、まだ三十二日で二ミリぐらいの状態を正面から顕微鏡で見て描いたものだそうです。エラが見えるということですが、見たとたんに、ああ、サメの顔だとわかる。三木さんは生物学者でもあるから、瞬時にわかったようですね。仰天したといわれる。ニワトリで観察していたときにニワトリの六日目、温め始めて有精卵六日目のときに、もうニワトリの顔が面影として見えることに驚嘆したらしい。ニワトリほかいろいろ解剖学・発生学的に観察をしていったうえで、最後に人間にたどり着く。これはすべて、ホルマリン漬けの状態を観察した。材料としては十分にあったそうです。

それで、資料左側に記載したように、胎児の姿にはサメのエラが見えるらしい。そして、その次の三十五日のころには、もう水から離れて、渚というか、そこに上がってくる。水の中だったり外だったり。これはいまでも、カエルだのイモリだのが、そういうことになりますか。そして、原始爬虫類の顔になり、そして最後、哺乳類の顔。たったの六日間でそうなっていく。

もう少し眺めましょう。資料最下部に記したように、人間は受胎三十六日から三十七日の二日間で系統発生的には、胎外時間のたったの二日間で、一億年分の形態変化をすると、彼は言うわけです。私は電卓をたたいて逆算をしていったら、一秒間でどうなるかというと、一秒間で五五〇年分の変化を形態の上で実現してゆくのですね。そうじゃなきゃ二日で一億年にはならないから。私の計算違いでなければですが。

一体、生命体の外見が変わるということはどういうことなのだろうと。生きている細胞なら、顕微鏡で見ているうちに、どんどん、何かが新しくできたり、退化したりが見えそう。その退化。右側にある指先。三木さんはきちんと描いてる。三十二日のときと三十八日のときをくらべると、三十八日のときには、もう指ができているんですね。その間、二番目、三番目のところはどうなっているかというと、皮膜があって、それ、水かきですよね。こういう場合には水かきの細胞がみるみる死んでいくんだそうです。それは、脳か何かの指示で、死んでいくんじゃない。細胞が自ら死ぬ。つまり死ぬということはどういうことかと言うと、再生の問題も含んでいるはずだ、そう思います。ここが減って、六日間でこれがなくなっていく間に、どこかで、何かが、どんどん新しくできてくるものがある。

それを三木成夫は「生命記憶と回想」という副題をつけていて、海、呼吸、特に、そこの一番すさまじい時間の経過は、水から陸に上がるときだと言います。時間論から考えてみれば、一体、時間というのはどういうものか。もうこの辺になってくると、神様の御手の中の問題で、人知をはるかに超えている。一体、それが何なんだ、などと考えるなんてこと、とてもできそうもない。ここのところは、ものの神秘というものを、我々は一体どのように見ているかという、一種の踏み絵になりますかね。我々の使っている常識的な、時間とは、何と幼稚な捉えか。ここはそのくらいにしましょう。

二．般若心経

人知を越えた生命存在の、その神秘性を、我々はどのように捉えるのかというと、実は我々の持っている仏教的なもの、「般若心経」で見てゆくことにもなります。「般若心経」とは、難しい般若経の中核をなす短い二百六十二字のことです（金岡秀友『般若心経』講談社文庫、一九七三年）。配布資料中に一枚にしてあります。これは、私が最初についた曹洞宗の先生、坐禅の師匠の教えです。その方の著作はいまでも出ておりますが、その方のいろいろなお話を私の覚え書きのあれこれとして四枚に分け、行間を空けて、勝手に書き加えてみました。私が、いい加減なことも書き加えましたけれども。

資料の一枚目、申し訳ありませんが、私の提示した資料は急いで作成した不適切なもの。しかしそこに、彼岸という概念の仏教用語的な同義語をずらっと、並べました。資料の左が菩提です。成佛、涅槃、本源清浄心、真性本清浄、悟り、自覚、覚り、無我、無、無心、空、真如、妙法、無位の真人、無相の本心、無相の自己、超個の個、彼岸。むろん天国など、仏教語にはないでしょうが、キリスト教でいう天国も同じことだと思います。極楽、清涼地、解脱、寂光、浄上、本来の自己。たった一つの実感覚に、これほどのいろいろな言葉が当てられている。それぞれ、少し含んでいる意味が、違うところがあるかもしれません。

般若心経の講義なんて、幾らでも解説書として出ていますが、私がざっとあれこれ読んでみて、この配付資料でいうと、後ろから五行目の真ん中、「心無罣礙　無罣礙故　無有恐怖　遠離一切顛倒夢想　究竟涅槃　三世諸仏」というところから後の肝心要のところにウエイトが置かれていないで、その前までの五行くらいまでを、これこそが仏教哲理の根本をなす概念だとする説明が般若心経解説ではとても多いように私には思われます。

そうではなく、このお経が一番言いたいことは何かと考えれば、それは「舎利子」、つまりシャーリプトラというお弟子さんに語っていることではないでしょうか。

その語っていることの中核部分とは何か――それは一言でいうと、あなた、座っているところからまず立ち上がってくださいよ、です。パタンと椅子から立って、目の前の舞台の上へ上がってください。そしてそこで、何かやってください。たったのそれだけ。言っていることはそれだけのことだと、私は思っています。

それじゃあ、舞台へ上がって、何をするんですかといったら、あなたが生きているままを、そこで、何かやればいいんですよ。観客席から見ていたってしょうがないでしょう、というわけです。こうしたことがそこに、ざっと書かれています。

語義的な詳細な解釈に入り込むと、私は専門家ではないからつぶさに議論できないとしても、「摩訶般若波羅蜜多心経」、魔訶不思議、大いなる不思議さ、要するに、彼岸に行くための深い知恵、その肝心要のお経だよ、ということはよく理解できます。あと、それを抜くと漢字十文字ありますでしょう。だから、二百七十二字、それを外せば二百六十二字で、ここにざっとあるわけ。それじゃあ、パラパラとここで何かをやってみましょう。

そして、何か、見えないものを見なさい、と言うんですよね。それは二枚目、上にごちゃごちゃと書いてあるんですが、三行になっている一番下は、心で読む、深く読む、身体で読む、日蓮さんは色読という。だから、お経は、読むのではなくて、見ろ、という。「心耳をすます、心の耳をすまして見てみる」と書いてありますでしょう。一番上は、「心眼で見てみる」と書いてあります。その真ん中のところは「見の眼、観の眼」です。これは『五輪書』です。

三．五輪書

宮本武蔵（一五八四―一六四五）の『五輪書』の中核部分は「見の眼、観の眼」です。ということは、武蔵は仏教用語を使わないから、彼の自主体験、つまり五十歳くらいまでに五十～六十回、真剣勝負をやって、負けることなく生きてきた体験かもしれません。彼は『五輪書』を自分のことばで書きます。『五輪書』の第二巻は「水の巻」です。「水の巻」に「見の眼」と「観の眼」が出てきます。

「見の眼」とは、たぶん、近づいて見ること。どちらかというと、分析の眼だと思います。「観の眼」というのは、ずっと後に下って離れて見ることなんですね。山でも木でも森でも、そばに寄っていくと、葉っぱまで見えてしまう。そうすると、葉っぱが何枚あるとか、枝がどうなっているかとか、数えたくなってしまうのだけれど、ずっと離れていくと、森として見えますよね。だから、何を見るかといったら、「あなた、どこを見てるの」って言ったら、「雪を見てるんですよ」、雨戸を開けたら、雪が降っていた。戸を開けて見たら、冬を見た。冬が見える、という感じです。でも、私のこんな話は、皆さんにとって、釈迦に説法です。ここの皆さん、そういう感覚で日ごと毎日やっていらっしゃるはず。生命体を見る。さっきの時間論も、たった二日間で一億年という時間がそこに流れているんだな、と思って子どもを見る。そうすると、何かこう違って見えるかもしれませんね。

ちょっと教育の話にも触れてみたい、と思っていますが、『般若心経』といっても、これで何分しゃべったのでしょうか。はい、三十分ですか。そうですか。それでは、我々日本人は、日本文化の中で、どういうふうに直感しているのかという問題に、ちょっと入ってみましょう。

『般若心経』が配付資料の四枚目にあります。その最後を眺めてください。見ていただきますと、「羯諦　羯諦　波羅羯諦　波羅僧羯諦　菩提　娑婆訶」。最後のところ、サンスクリットで私も全然わかりませんが、漢字の当て字ですよね。例えば、どんなふうに訳されているかというと、右側に四行で訳出しました。「真如の世界を往還する者よ、彼岸に往ける者よ、彼方に往きつきたる者よ、悟りよ、幸あれ」。意味から言うと、大体そんな内容だといいます。もっとやさしく言えば、「行きましょ、行きましょ、彼岸に行きましょ。彼岸に至り着きましょ。菩薩様、お供物をどうぞ」なんていうふうに訳す人もいます。もうすこし言い換えて、「往ける者よ、往ける者よ、彼方の彼岸にわたる」、彼岸ってどこだと言ったら「ここだよ」と理解してもよい。「彼岸の岸に往ける者よ、彼方の岸に全く往ける者よ、悟りよ、幸あれ」。それを、悟り、と呼ぶか、なんて言うかわかりませんがね。夢中で生きるということを「悟り」というふうに言ってよいかもしれません。

「至りたもう尊妃」、尊い妃様。「至りたもう尊妃、かしこに至りたもうた彼岸にわたられた妃様、尊妃にまします菩薩様、わが捧げ物をご嘉納あれかし」。実は、そこのところを言いたいのではなくて、こういうふうに唱えなさいというのです。

さっき、舞台に上がって、何をするんですかと言ったら、お唱えしなさいよ、と。そこに書いてありますが、その三行前に「故知般若波羅蜜多　是大神呪」、「呪」という字。これは、一番右の下から三分の一くらいのところに、この「呪」という字の下に四角、何ていうのか知りませんが、上に乗っかった字です。それは「呪（のろい）」となりますが、ここで言っているのは呪いではなくて、お唱え、です。一番下に書いてあるのが、「マントラ、お唱え、陀羅尼、真言、如来の言葉、オマジナイ」です。それは、おまじないという意味です。

お唱えをしなさい。ただし、全体重をかけて、それを唱える。「羯諦　羯諦　波羅羯諦　波羅僧羯諦　菩提　娑婆訶」。これをずっと唱え続けるんです。でも、浄土真宗では、唱え続けろ、とは言わないですよね。全人格をかけて、一言言えばいい。「南無阿弥陀仏」、ちゃんと言えたら、それで向こうの西方浄土の阿弥陀さまの御手に救われるというのですね。何だかよくわからないけれども、ここは何を言っているのか、と言ったら、あなたが舞台に上がったときに、刻々変化していく状況に常に対しながら、あなたが全力で生きる以外ないでしょう、それだけだよ、と言っている。

私事になって恐縮ですが、目下の私は癌患者で、相当よくありません。かつて六十二歳の頃、つまり普通部の教員を退職する三年ぐらい前に、大腸癌、S状結腸がかなりひどい状態でした。勤務先関係の大学病院のよく知った医師でしたが、私に言わないで、かみさんに、長くて一年、半年ぐらいだと覚悟してくださいと伝えたようでした。それで、かみさんは何も言わない。どうも様子がおかしいんですね。だけれども、私の病状は、もう腸壁の外まで出ちゃっていて、ステージ4というらしい。当然、リンパ節ほかのすべてに転移していると思いました。医師から、ずいぶん広くリンパ節をたくさん取って「よく調べますけどね」とか、「全部取りますから」なんて言われ、家族は皆、覚悟したようですが、私はのんびりと、まあとったら治るんだ、という気持ちでいました。ところが、驚きました。検査したら、リンパ節に全然転移していない、本当に不思議だなって、お医者さん言うんです。そこで、私は思い当たることがあった。坐禅です。呼吸法です。丹田呼吸法という呼吸法。極度の意識集中を誘い出すんです。そのころ、ついていた方は前の曹洞宗の方ではなくて、臨済の方、大森曹玄師でしたが、ちょうど私の六十歳前後。どうしても必死でやらなければと思って、禅の公案、禅問答です。それを、ギュウギュウ言わされてやっていたときです。それに、丹田呼吸法。腹部を極端に締め上げ、動かし続ける呼吸法なんです。それができたから、助かったのか、といまも思っています。

この大腸癌は尾を引いて、十二年後に再発する。さらに、その二年後に再々発をして、大腸がうんと短くなった。ところがその間に前立腺癌が七十二歳のとき。今日の冒頭にご紹介いただいたように、私は慶應を定年退職後、カトリック・カリタス学園のカリタス女子短期大学に九年間勤務しました。その後半には、学長を引き受けて四年間の担当との約束でした。だが、勤務を始めて半年たったときに、前立腺癌がわかって結局手術をしました。相当にひどい、うつ状態になりました。人に偉そうなことばかり言っていたのが、何と情けないことと思いましたけれども。では、どうするか。大体私は、「鬱」に対しての医学的治療というものをあまり信用していない。特に薬物療法は、論外と思っています。いまでも薬嫌いです。私は五十三歳から六十五歳まで、慶應義塾の日吉構内に仏教青年会の建物がグランドわきにあるので、そこを使って学生さんと一緒に泊まり込んだりして坐禅の実技指導をやっていた。

そんな次第ですから、この「観自在菩薩　行深般若波羅蜜多時」を学生さんと一緒に唱えていたので、全部そらんじている。結局、それを使って何とかしようと決めました。夏前に手術が終わって、このままではとてもだめだと思った。そこに、夏休みが四十日。岐阜の山の中に行って、自分一人だけで食事をつくって、大きな声で、山の中で般若心経、誰もいやしないところで、ワーワーわめきながらやるとか、黙って家の中でやるとか。それで、なんとか四十日を過ごし、九月には何食わぬ顔をして学校に出て「ありがとうございました」と、何とか戻ったんですね。そういう体験もあります。一日に百回。般若心経の、おすすめ通りの実践版です。意識集中の実践、自分との戦い。

四．宮沢賢治（一八九六―一九三三）

こうした般若心経のすごく大切な経験に即して、配布資料四枚目の一番左の端に括弧をして「宮澤賢治」と書きました。これをお読みになるときっと、どこかで見たぞ、と思われるかもしれません。これは『春と修羅』という彼の出版された最初の詩集か、最初の文集です。その内容が「般若心経」の感覚とよく似ています。この人は一体なんだろう、と私はいつもそう思います。二十何歳かで書いているんですね。電燈の光、電流、照明、何だかへんてこりんな言葉ですけれども、ざっとお読みになると分かるでしょう。どうしても「般若心経」の言っていることとそっくりだと私には思われる。彼は法華の人なのでしょうか。布教のために渋谷の駅前で、紙を配ったりした、という話がありますけれども。こうした問題が日本文化とどのような関係を示しているのか、そんな問題意識を一つ述べましょう。いま宮澤賢治を出しましたから、存在の神秘を我々がどのような目で見ているか、という視点から配付資料にある詩作品二つを見ましょう。「シャボン玉」ですね。あとひとつは、宮澤賢治「眼にて言ふ」という詩作品。死ぬ数年前に、大喀血をして、夜中から明け方にかけて声も出ない、だから眼で言う、というのです。相手は誰に、というと、自分をよく診てくれているお医者さんに対して書いている。これは、ちょっと後で、私が読んでみましょう。

大体そんなことがこの講演の骨子で、相当、冒険なんですけれども、もうちょっとしゃべってから、少しご質問なり何なり受けながら議論しましょうか。私は学者じゃありませんから、学問的なことを言われても困ってしまうし、それから医学的な知見について、あなたが言っていることはどうも違うよ、なんて言われても困ってしまいます。けれどもただ、私がさっき申し上げた重層信仰の中で見ているものの、それから、人との触れあい方です。五年くらい前から、癌患者さんの集会に出ています。これは神奈川県の癌の拠点病院の中にあります。癌の専門病院です。月に一回ですけれども、ただしそこはきわめて配慮された体制を準備していて、歌をうたうグループほか、いろいろなサブグループがあってきわめて充実した活動を展開しています。

舌癌の方もいれば、肺癌の方も、前立腺の方もいて、皆さんが混ざり合って、小さいグループがいくつもできていました。毎回五十人くらい。その中に十人以上の世話人がいらっしゃる。その世話人の方は、じつは皆さん重症の方々なんですね。再発とか、転移があったとか、違うのが出て来たとか、癌でやっているうちに、心臓がだいぶおかしくなってきて大変だとか。癌に関する情報は、現代社会ではもう、あり余るほどある。でも、何を選んでいいのかが、かえってわからない。ひどいことになると、こういう治療法がいくつかあるから、あなた、どれかひとつを選択しなさいとまで言われる。そんなこと言われたって、私たちに、わかりっこないんですよね。

ただし皆さん、このグループに出てくると、元気が出るって言われる。患者さんで、二〜三ヵ月前に乳癌手術したという女性が、私のグループに出てこられた。二時間、泣きっぱなしでした、でも、グループが終わって帰るときは、なんだか、泣き泣き笑って帰っていくような様子がありました。ここの世話人たちに、カウンセリングとか、そういう専門領域を勉強した人は一人もいないんです。ひたすら親切おばさん、おじさんだけ。何か、考えてしまいますね。なまじ、精神科のお医者さんだと、どういうことになってしまうのか。そんなことで、私はとうとう五年間参加し、最年長になってしまいまして、医者の悪口から何から何でも、向こうも言うし、こっちも聞く。そんなことをやってきました。

五．生命の時間と信仰と

生命の時間という問題から、あらためて三木成夫さんにもどりましょうか。さきほどご紹介した三木さんの新書・文庫版の著書はいまも入手できますから、ぜひお目通しください。三木さんは彼の認識の上に立って、次のように語ります。赤ちゃんが生まれてきますでしょう。そのときに、生まれる直前の一週間、一ヵ月あたりは、もう、外部時間とほとんど変わらないわけですね。完全に人間の形をしていますもの。しかし、人間の形をしているからといって、生まれる前の十月十日、三〇〇日の以前に、例えば二〇〇日を切っていても、その時点で赤ちゃんを外の世界に取り出して大丈夫なのか、一体、どこまで大丈夫なんだということになります。障害が起こってこなければ、取り出してよいのか。一体どういうことになるんだろう、大文夫なんだろうかって思うんですね。

両親は、生まれて大丈夫そうならば、それで差し支えないと思うでしょう。それが現代の一般の捉え方かもしれません。けれども、一見、人間として大丈夫そうに見えるけれども、さまざまな内なる生命の問題は大丈夫なのか。三木さんはこう問いかけます。彼が論じる問題のひとつは、哺乳瓶の問題。生命体の神秘性を探る手がかりのひとつがここにあるからなんです。

乳児に哺乳瓶を使うことは、もういまでは当たり前のことで、意識的に母乳を使わないなんていうことさえ、もう起きているかもしれない。三木さんによれば、母親との内的な心と心の関係を持つのは、消化器系の最先端、唇なんだそうです。この唇でもって、母親の乳房を舐めまくることで、空間と時間の感覚を把握する、と彼はいうのです。生まれてきたときに、すぐに赤ちゃんは乳房に吸い付いちゃうでしょう。吸い付いちゃう。赤ちゃん、それだけはわかっているんですよね、不思議なことに。そして母親の乳房をなめ回す。一〜二ヵ月たつと、その辺のものを、何でもペロペロ舐め始めますよね。舐めることによって、空間感覚と時間感覚が生まれる——こっちで舐めて、そっちへ行く、と。空間や時間という「もの」と「こと」が、何だかわかっていくのかもしれませんね。それとともに、母親の乳房を舐めることによって、内的に精神的に何が起こるかといったら、それは、よく言われる胎教と胎児の関連と似たものがありますでしょう。母親が年中イライラしてたら、相当、お腹の胎児に大きな影響があるかもしれません。

私は教師になって、後半、カウンセリング関係の勉強もし、大学の学生相談室のメンバーにもなって、だいぶ学生さんとも付き合った。その中に、攻撃的な、やや自閉的などいいますか、そういう人たちとも触れあいが多くあったんです。そんな若い人たち、アスペルガー症候群とか、発達障害とか、いろいろ言われるんだけれども、もしかしてその赤ちゃん時代に、悲しいことに、自閉傾向の赤ちゃんだったのではないかと想像せざるを得ない場面もありました。一体、あの若い人たちに見られるつらい症候は何なのか、とずっと思い続けていました。そのうち、赤ちゃん返りの問題に関心を寄せるようにもなりました。赤ちゃん返りは五歳、七歳ぐらいになったときに、もう一度、乳房を触りたいということになりますね。大人だって、赤ちゃん返りをすることがある。大きな難しい状況に本人がぶつかったときに、赤ちゃん返りをする場合も。三十代くらいの人でも、口を開けて女性に食べさせてもらうようなことを願う。私は、そういう事例を見て、本当に驚いたことがあります。人間の深層の心理は、科学的分析を超えて、まだまだ不明のままで、実に不思議です。我々は小さな子どもを見ているときに、その子のどこを見ているんだろう、と再考するべきかもしれません。三木さんのいうさきほどの「面影」というような言葉。私はなるほど面影、子どもにもある面影、ほんとうに不思議だなと思います。ある時間を経て、母胎内の液状の世界から、個体として空気の世界に出てしまう胎児の形態。この生命という形態が、そもそも何を意味しているのか、全く我々にはわからないような気がします。

ひろく一般に、癌は病気だ、といいますね。私もなるほど、癌患者のひとりです。では、病気って一体何だろう、と思うわけです。病気は、気の病と書きますね。とすれば、病気とは何か。癌になったということは、どういうことかと言ったら、それは、どこからか「おまえさんの生命・人生は、そこまでよ。形は、まあ癌なんだけどさ」と語りかけられているということでしょう。どこかが、何かを伝えてきている。私には、そんな感じがあるんですね。

なるほどそうだな。だから私は、もう自分で口から物を食べられなくなったら、一切やめていいよ、という。それは、家族も子どもたちも了解はしてくれている。けれども、それ以上のことを、お墓は要らないとか、何か言い出すと、家の中で一騒動起こったりして難しいんですね。

さてここで、すこし視野を変えましょうか。私達の内なる生命の問題に向かいあう大切な場は、言うまでもなく、信仰や宗教のはずです。ところが、現代社会においては、信仰への問いかけ、あるいは宗教活動は、みるみる縮小し、衰微しつつあるようです。

事実、この傾向は、何も日本だけではなく、東洋、欧米に共通すると実感せざるを得ませんようです。私は長く坐禅を続け、またキリスト教カトリックの信徒で、カリタス女子短期大学の実務も担当しましたから、とても大きな現代の問題と感じます。キリスト教をみましょうか。ヨーロッパに行くと、英国では「聖公会」というカトリックに近いプロテスタント教会が英国国教会として中心的な役割を担ってきました。信徒数何百人かの中規模の教会が何千とあるわけでしょう。しかし最近、そうした各地域の教会そのものが減少しているようです。私が耳にした限りですけれども、近年では、一年間に四十ほどの教会が宗教と無関係な機関に移譲されているようです。なぜなら教会の担当地域の信徒がいなくなり、教会活動の維持ができなくなるからです。それに加えて、聖職者の希望者も少なくなっている。欧米のキリスト教に共通する現象なんです。

日本も例外ではありません。仏教も同じでしょう。仏教がいま本当に日本人の信仰の対象として成り立っているのかどうか、疑問に思います。日本のキリスト教会におけるカトリックについてはとりわけ問題を感じます。大体、日本のキリスト教会ではプロテスタントとカトリックを合わせて信徒数は人口の約一パーセント、すなわち百万人ぐらいと言われているんですね。そのうち六十万人がプロテスタントで、プロテスタントにはいろいろ諸派があります、カトリックは、四十万ほどが信徒です。カトリックは国内各地の小教区制度をとり、司教・司祭組織で運営されていますが、多くの課題に直面しており、近未来的にみて信徒数と聖職者の減少が危機的水準になると感じます。

日本国内のカトリック系の学校法人における小中学・高校の学校教育は、学校数は少数であっても、修道会や教区の活動と連携し、わが国における信仰・宗教の教育領域でそれなりの役割を果たしてきました。私が勤務したカリタス女子短期大学は、カナダのケベックの女子修道会が設立母体で、カナダと密接な関係も保持してきました。しかし、カトリックにおける聖職者の減少ほかの世界的な傾向の影響と、我が国での短期大学の社会的役割の変化などもあって、学校法人としての短期大学の運営に支障が生じる事態となり、閉学さえ視野におく状況でした。こんなことを述べるのは、ひとつの学校法人の運営を論じるためではありません。

そもそも学校教育とはなんだろう――そう問いたいからです。現代社会は総じて、文化より、文明の拡充を志向します。文明は、人間の外界・自然世界を科学的に分析しデータ化し、それを合理的に再構成し、利便性にとみ、小気味よく能率的な長寿健康・情報技術社会を実現しつつあります。しかし、です。私たちは文化を忘失する危機に立っているんじゃないでしょうか。私たちは生命記憶の時間性、胎児や子どもの「面影・イメージ」、詩のことば、あるいは病気の「気」の世界などなど、もう一度、生命や信仰の問題、また芸術の内容を教室の片隅から捉えなおそうとする、そんな試みも大事ではありませんか。

いささか大げさな言い方になったかもしれません。講演の時間も大分いただきました。最初に申し上げたように、この会場ではむしろ、皆さんとあれこれ対話ができれば、ありがたい。どうぞ、自由な発言や率直な質問をお願いします。

質疑1　お話を伺っていて、不思議な世界というか理解の難しい世界というか、この世界は感じとるほかないように思いました。先生の超越的な世界体験に触れているのか、風を見ているのか、よくわからない。私自身が生きてバタバタしていますが、香山先生はもっと深いところでバタバタされている。失礼ですけれども、そう感じました。私には理解が及ばない点もありましたが、先生が広く豊かに探究の路を歩まれてこられ、そこで得られた貴重な体験を語られたことに感謝します。

香　山　お話に「風」が出てきました。風という言葉で、日本人あるいはキリスト教やユダヤ教の人たちが何を理解するのか、これは、重要なポイントです。質問者のあなたが、その「風」を、実感としてどのように受けとめているのか、伺いたいところではあります。風については、宮澤賢治と童謡『シャボン玉』をみるとよくわかります。死生観ということをお話しすると、ここに資料がないけれども、「人の別れ」といいますか、井伊直弼は桜田門外の変で水戸浪士に殺されましたが、彼は『茶湯一会集』で、別れの極意について非常に具体的に書いており、それは「取りかた付、急ぐべからず」だというんですね。別れを茶室で行う、ある若侍が戦場に出る、言葉少なく、別れていったときに、どういう思いをそこへ出すか。別れの問題は、風の問題とよくつながるかもしれないと思います。

それから、バタバタ。そうでしょうね。私のやり方はずいぶんバタバタに見えるんだろうな。バタバタじゃない人というのは、きっといるんでしょう。すごい人がいるんじゃないですかね。さらりとやってのけるような人。しかし、何かやろうと思うと、バタバタしていて、周りにご迷惑ばかりかけて、ということは、私にあるかもしれません。

質疑2　先生が坐禅を組まれた時期において、坐禅によって何か救われたことがありましたか。

香　山　はい、実に沢山ありました。三十五、六歳のときに、一つの不思議な体験をしました。カウンセリングの勉強をしていた最中で、気持ちがふと禅仏教の方向に向いて、禅の講話に関心を持ったんですね。そこで慶應出身のお医者さんで、また禅の宗匠でもある方に会いにゆきました。とても立派な方で、指導を受けることになり、夏は奥多摩の禅堂に長く居りました。その際に、いろいろな特殊な体験、神秘的な体験を持ちました。

そのひとつが「光のトンネル体験」です。黙想していると、思いもかけないようなことにトンネルのような空間が現れ、その向こうから光が入ってくる体験です。これは世界中の宗教者によく知られている共通の神秘な体験です。東洋人ではその向こう方に水が、三途の川でしょうか、水が見える体験が多い。ヨーロッパ系・キリスト教系の人だと花畑と壁だったり、老人だったりして、こちらに来いとか来るなとか呼びかけるようです。私もトンネル体験を持ちましたが、私の禅の師匠は、そういうものに引っかかっちゃだめだよ、と注意してくれました。こうした体験は「魔境」と呼ぶそうです。じつはさきほど「般若心経」を引いて、成仏、涅槃、悟り、無我、真如、妙法などをずらっと並べましたが、悟りの世界に入るときにこうした神秘な体験や感覚を持つ場合が多いようです。臨済禅では、初めての関門、初関と呼び、初関を透る〔打ちやぶる〕ことを大事にするそうですが、私の師匠はむしろこの体験を特別視する危うさを注意してくれました。夏目漱石の後期作品に『門』という作品があります。漱石は鎌倉の円覚寺に滞在し、一世の傑僧と言われた釈宗演に会って、神秘体験よりも禅の公案の大切さを知ったようです。良い内容の作品ですから、皆さまもぜひ読んでください。あのオウム真理教の麻原彰晃は、行の達者な人だったようで、肉体的な行における意識状態の推移をよくわかっていて、魔境を巧みに演出したとも考えられます。

坐禅によって救われたことというご質問への直接の回答にはなりませんが、特殊で神秘的な体験といえども、それを絶対視しない観点を師匠から学んだことは私にはとても大きなステップでした。立花隆さんは、臨死体験を研究テーマに世界中でフィールドワークを行い、NHKで放送し、大学でも講義し、また大部な著書を出版もされている。こうした成果も、ジャーナリストの仕事として排除しないできちんと視野に収めるべきでしょうね。ご質問が禅に関連しているので、すこし「公案」について述べましょうか。漱石の『門』

に公案がでてきます。それは「おまえの両親の、生まれる前の、おまえの面構えを、ここで見せろ」です。これはどうしようもない。答のひとつは、ぱっと立っていって、お師匠さんの横っ面を張り飛ばす、なんていうのでもよい。しかし、師匠はつねに弟子をみているから、はったりだと、あっさり見抜いてしまう。

有名な中国南宋時代の『無門関』という公案集があります。その第一則に「犬ころに仏性、霊というか、聖霊というか、犬に仏性があるか、仏の性、仏の成り代わりと言えるか」と聞く。師匠の趙州という和尚が「無」という。それきりなんです。私はこれに取り組みました。

だけど、この無は、有るか無いかの無いじゃありません。私はそこを透るまで三年ぐらいかかってしまいました。答えは言わないことになっていますが、そんなこと幾ら言ったって意味がない。要するに、独参といって部屋の中に入っていくんですね。そこで礼拝すると、師匠が「どうしたかね」とか何か言うんですよ。そこで、何かを口でごちゃごちゃ言う。しかし何いったって、絶対透らない。わめくとか、そんな形でもって、毎回毎回、同じようにわめいていると、あるところまで来て、師匠が「まあいい。それでいい」という。「じゃあ聞くけどね、無の年は幾つだね」とか何とか、今度はそんなことを言われる。拶処〔うってかかること〕、というけれども、つぎには「無の色は何だ」とか何とか言うんですよね。そんなやりとりや、答えについては、今日の配付資料の一枚目をみてください。私はさっきの「無」についても下のほうに書きました。「空」というのは何だといったら、これも下のほうに書いてあります。真我（永遠の命）＝大宇宙の巨大エネルギー＝超個の個＝無我の我、分別を越えた直截頓悟、と書いてある。厄介至極ですが、何かこう、ピンとくるところがありますか。

師匠は私に向かいあって、私の所作動作とか、目つきとか、そんなもので、私を見ているんですね。全体として見ているから、向こうは、さっき言ったお前は、お前の中の一億年の時間はどうなっているの、そんな問いかけでもあるわけです。だから、そんなことはやっぱり、知ったことか、などと言い返す。それが私だ、生きているんだから。それで、けんかを始めてもいいのかもしれません。私は、何だか大きな声でわめきましたね。いっぱいわめいて、毎回行ってはわめいているのがいやになってしまった。坐禅というのは、そんなことですね。あなたがおっしゃった坐禅のこと、こんなんでいいですか。

質疑3　先生は私たちに数学の先生として接していただいた。でもその一方で、先生はカトリックの信者さん。その二つと今日のお話は、私のなかでひとつにまとまりにくいのです。だから、数学者でカトリック信者であり、また実生活では癌も経験されたこと、それは分かりますが、やはり数学者というのは理を詰める認識を歩むわけですよね。実証というのは数学の場合、ないわけでしょう。理を詰める。で、私は実はプロテスタントですけれども、要するに基本的にキリスト教には、人間は何もできない存在ですよ、という思想がベースにあると思います。一神教なわけですから。そういうふうに頭の中で考えると、今日の先生は、おっしゃっていることに反対するわけではなく、どういう感じでイエス・キリストにインヴォーク〔祈る・嘆願〕されるのか。あるいは数学者になる前から、詰めてものを考える素養がおありになったのか。それとも、神秘的な体験をされてからこういう研究を始められたのか、うかがいたく思います。それぞれのお話はよく理解しますが、その結びつきがややわかりにくかったからです。

香　山　数学についていうと、私は基本的に応用化学研究が基本で、数学者ではありません。ただし、数学のなかで幾何学や微積分が追究するような図形に関心があり、直観によってものごとを捉えていく手続きを重視しています。お恥ずかしいことですが、数学をこうした側面から考えます。数学者はたしかに理詰めで矛盾のない合理性を目的にするけれども、だけど、数学のその奥は理詰めじゃないんじゃないかな。

質疑3　直観がもとにあるわけですね。

香　山　そうです。

質疑3　私もそう思います。

香　山　私がそういう方向に歩んだのは、やはり子どもたちといろんなことを分かちあうようになったからでしょう。私は旧制の普通部にいて、割に成績はよかったんです。しかし教師として、普通部へ来てみるとほんとに何でもできる冴えた子がたくさんいるわけでしょ。ところがです。だんだんうまくいかなくなっちゃう子がいるわけです。ある時期に冴えてるね、と言われた子たちが、どうしてか、何もできなくなる。どうしてそうなるのか、わからなかった。教師になってすぐそう感じました。五年、十年たつうちに、こっちの私に問題があるのかなと、と考え始めた。だって、教室に行くと、大体、そういう感じの子は、私と目を合わせると、ぱっと視線を外してしまう。とても寂しい感じもあり、そこできちんとカウンセリングの勉強を始めた。そこでもいろんなショックがあり、この私というのは、恐ろしく人を傷つける人間かもしれない、と気づいた。そうした深い経験が三十代半ばにあったんですね。

そうした時期の夏に、カウンセリングほかの体験を自分ではっきり自覚をして捉えなおして、九月に教室に行った。すると、あの子たちが、ひょこひょこ出てくるんですよ。「先生、ちょっと、どこか変わった?」と言うんですね。各教室でそういうことが起こるんですね。むしろ、こっちの本人がびっくりしてしまって、どこが変わったんだろうと思った。ともかく、何だかその子たちとつながるようになれたんですね。ずっと最近になって、あのときに、私が読めなかったあの子たちの世界が、ふっとどこか体でわかったから、言葉つきも変わり、表情も変化したのかなと思うようになった。そういう子たちは廊下でハイタッチをしたがったなあ。「せんせい〜」とかいって走ってきて、パンときてパンとやるわけ。まだその頃は、あまりハイタッチなんかしなかった。

質疑3 それは私たちが習っていた以降ですね。

香　山 そうですよね。

質疑3 先生は生徒に厳しいときだった（笑）。先生は自分に極めて正直に行動できたということでしょうか。

香　山 それは分からないけども、はっきり感じるのはやはり、この子、この子の傷がどこでできたか、だった。例えば、女の子に多かったけれども、手首のリストカットが私には苦しかった。惨憺たるものです。彼女なりに痛みはつらいんだけども、生きている確証をそこに見る、というような、そんな感じでしたからね。そうした場面を前にすると、こっちが苦しく痛くてしょうがなくて、黙ってそばで見ている。一緒に座って見ている。それ以後、そういうことに気づいたためか、カウンセリング関係の六つぐらいの大学の学生相談室関係者が、ピア・カウンセラーといいますか、同年代の同僚として「一緒に何か活動しない？」と言って集まる機会ができました。手伝ってくれる学生たちも各大学に結構いて助かりました。そんな学生たち百人ほどと赤城山のそばの合同宿舎でグループワークをするようなこともずいぶん長くやりました。そんなグループのなかに自己中心的な学生がいて、グループから孤立し、いろんなトラブルが起こったものの、いつの間にか人格的に成長し、全く別人のように明るくほがらかになって皆を驚かせるような出来事がたくさんありました。

質疑4　私は普通のビジネスマンなので、人間関係も仲間とか部下とか上司という関係です。しかし先生は、生徒・学生との交流から、複雑とはいえ生命体験といってもよい世界を生きてこられた。今日はたくさんのヒントをいただいた気持ちで、感謝します。

香　山　諸君に配布した資料の『般若心経』の四枚目の下を見てください。そこに「大麦小麦二升五合」と書いてありますでしょう。それは、四国のおばあさんが、祈りをこの言葉にした、という実例です。般若心経の「羯諦　羯諦　波羅羯諦　波羅僧羯諦　菩提　娑婆訶　般若心経」というかわりに、また「南無阿弥陀仏」というかわりに、大きな声で「大麦小麦二升五合」と繰り返し、祈る。皆さんは、笑われるかもしれない。けれど、これでいい。

　私の最初の曹洞宗の師匠も同じことを教えてくれました。いちばんつらい問題に直面したとき、自分の気持ちをある言葉に変えて、壁に向かって坐り、延々と唱え続ける。すると、意識が変化する。それは悟りにも等しい変化だということです。私は、すでにお話したように、『般若心経』二百六十二字を、わめくように一日百回唱えるという形を大事にしています。キリスト教にも聖母マリアの連禱があるけれども、マリアにはさまざまな意味が重なりすぎていて、とても般若心経のようにはゆきませんね。

質疑5　私もマリア信仰と般若心経との間には大きな差異があると思います。今日のお話はカウンセリングが重要なテーマでしたが、精神分析的治療法との関係はどのようになりますか。

香　山　日本には、精神分析的治療法が二つあり、一つは慈恵会医科大学の森田正馬氏の森田療法です。精神分析をするのではなく、自然農法とか、転地療養みたいな感じで農耕作業を行う方法です。

もう一つは「内観療法」です。内観は、学会活動にもなっており、私も何年か学会員として参加しました。これは、オーストリア、ドイツ、イタリアにも支持者がいます。内観というのは一週間、小さな部屋に一人で生活し、横にはならない。何をやってもよくて、座るのが辛かったら椅子を持ち込んでもよい。部屋の隅に一㎡ほどの空間をつくり、屏風で囲い食事はそこでする。外へ出るのは寝るとき、お風呂に入るとき、手洗いに行くとき、それ以外は全部この中にいるんですね。朝起きてから夜寝るまで。それは、浄土真宗の一派の木辺派における「身調べ」というやり方に出発するようです。

何をするのかというと、あなたが小さい子どものとき、一番お世話になった方をイメージし、自分をどのように育ててくれたか、それに対して自分はどういう迷惑をかけたか。それからその方に、どんなお返しをしたか、イメージとして「内観」するのです。

初めの二日間ほどは、イメージで考えろと言われても、そのイメージなど出てこない。思い起こせと言われても、できない。それまでによく想起した出来事はすぐに出てきます。しかし、それ以外は出てこないんですね。これが大変です。だが、不思議なことに三日目ぐらいからは、何か出てくるんです。いままで、見たこともないような、あれは坂道だったぞ、とか、うちにいた犬と一緒にいたとき、そのときに犬があそこでもって、人に吠えついたとか、何かとんでもないことをあれこれと思い出すんです。そのうちに、どういう育て方をされたか、その育ててくれた人にどういう迷惑をかけたか、どんなお返しをしたかについてイメージするようになると、何もお返しをしてなかった、というようなことに気づく。私の場合、母親の姿を無視していたと気づきました。

そして一週間が終わって、やはり不思議なことが起こるんですね。内観を続けていると、自分の中で、気づかなかった人たちとのかかわりが四日目頃から、母親あるいは、父親、家族、他人もありますが、うわーっと出てきて、あらためて気付くことがはっきりしてくる。私の場合、一週間ずっと母親ばっかり見ていて、母に対して何かコンプレックスを感じていたと分かりました。これは、私の十数年前の内観の体験です。

この内観療法では、精神科医なりカウンセラーなりがリードを取らない。全部、その本人に任せるわけです。一種の自己分析の探究なので、なかなか大変な一週間になります。たしかに指導者の方が一時間に一回ぐらい部屋に来ます。部屋に入ってくるのが音で聞こえるから、向かいあって座ります。そうする「何をお調べになりましたか」と聞かれるわけです。こちらは、思いがけず現れた犬の話とか、おふくろに対して罵声をあげたことなどを話す。すると「これから、そのままお続けになりますか」というようなことを聞くんですね。「はい、まだやります」とか、「いや、もうおふくろについては十分やりました」とか答えると、「じゃあ、次に、何をなさいますか」と聞く。「それじゃ、やはりおふくろに何をお返ししたかを調べます」と言うと、「それじゃあどうぞ」と言って帰って行っちゃうんですね。指導者は、けっしてリードを取らないんです。このような進行にもかかわらず、自分自身がやはり大きく変わると感じるから、まことに不思議ですね。

自己分析のおもしろさ、深さがあります。それは何でしょうかね。何か見えない時間を見るというか、自分のたどってきた何かに、ふっと気がつく。千万年の音というわけにはいきませんが、でもそういう感覚は、ふつうに自分の外の世界の対象を眺めている視覚とは全くちがう。眼に見えないものを「観る」目という感覚です。いままで木のそばへ行って枝、葉っぱばっかり見ていた感覚が、ずっと下がっていって、樹木の姿の全体を観るような感覚ですかね。それは、人間の想像力や精神の働きをめぐる基本問題ですが、あまり堅苦しく考えないで、内観のような自己観察は日常の生活意識に変化をもたらし、とても役に立つといった理解でもかまいません。

だいぶ時間が過ぎました。皆さんお疲れでしょう。ここで、本日のまとめとして、私の話ではなく、ふたつの文章を、二つの詩を、私が朗読いたしましょう。

ひとつは、よくご存じの童謡『シャボン玉』です。

シャボン玉飛んだ　屋根まで飛んだ　屋根まで飛んで　こわれて消えた
シャボン玉消えた　飛ばずに消えた　生まれてすぐに　こわれて消えた
風　風　吹くな　シャボン玉　飛ばそ

どのような感覚で聞かれましたか。シャボン玉って何でしょうか。

これから私が述べることは、あなた方の、あなたの「シャボン玉」を「観る」ことに変化を生むでしょうか。

作詞の野口雨情（一八八二―一九四五）は、次女を赤ちゃんのときに亡くします。赤ちゃんが亡くなったときに、この詩を書いたようです。歌になったら「シャボン玉飛んだ　屋根まで飛んだ」となった。しかし「飛ばずに消えた　生まれてすぐに　こわれて消えた」。その結びは、「風　風　吹くな」、そして「シャボン玉　飛ばそ」。雨情は、声たかく、別れを呼びかけている――彼の子どもに、娘さんに。さきほど「別れの極意」に触れました。シャボン玉はいつも飛んでいく、風に乗って飛ぶ。そうです、そうなれば、きちんとしたお別れになったろうと私は思います。それが「風」なんです。

二つ目は、宮澤賢治です。「眼にて言ふ」。執筆の契機はすでに話しました。ここでも風がすべての存在を結びつけます。

「だめでせう　とまりませんな　がぶがぶ湧いているですからな　ゆふべからねむらず血も出つづけなもんですから　そこらは青くしんしんとして　どうも間もなく死にさうです　けれどもなんといい風でせう　もう清明が近いので　あんなに青ぞらからもりあがって湧くやうに　きれいな風が来るですな　もみぢの嫩芽（わかば）と毛のやうな花に　秋草のやうな波をたて　焼痕のある藺草のむしろも青いです　あなたは医学会のお帰りか何か判りませんが　黒いフロックコートを召して　こんなに本気にいろいろ手あてもしていただけば　これで死んでもまづは文句もありません　血がでているにかかはらず　こんなにのんきで苦しくないのは　魂魄なかばからだをはなれたのですかな　ただどうも血のために　それを言へないがひどいです　あなたの方からみたら　ずいぶんさんたんたるけしきでせうが　わたしから見えるのは　やつぱりきれいな青ぞらと　すきとほつた風ばかりです」

「風」は、ヘブライ語で「ルワハ」というそうです。「ルワハ」は、三つの意味をきちんと持っていて、ひとつは「風」そのもの。ひとつは生命の「息吹」だそうです。もうひとつは「聖霊」です。すごいと思いませんか。これは私たち日本人にも、ピンと来ます。

皆さんが、宮澤賢治と野口雨情の「風」をこれからも記憶にとどめ、死生観を考えていただければ、幸いです。本日は長い時間を、お付き合いいただき、ありがとうございました。

［カウンセリング　講演記録　二〇一四年］

Ⅳ.

我が友よ

普通部の40年間から未来へ

科学教育と芸術教育の関係についての一考察

一．教科間の不均衡の問題

学校教育の根幹をなすものは科学教育と芸術教育であるといわれる。この二つの教育を車の両輪として学校教育の具体的な教科教材は児童生徒の発達段階に応じて組みたてられている。しかしこども達の成長発達という面からみるとかずかずの問題点がある。はたして現在の教育機構、教育内容でこども達は急激に変化する社会情勢に適応できるようになりうるであろうか。また教育における人間の全面発達ということが言われる。そして多くの人々は中学校または高等学校修了までに生徒が学校でさまざまな教科を充分な熱心さで学びさえすれば、個人的にも社会的にも巾の広い豊かな情緒性と基礎的な科学的知識を獲得しうるはずであると考え、また複雑な事象に適応しうる統一された人格を持つ人間が次の社会の要員として準備されるのだと信ずるのである。この素朴ではあるが根強い信念に対しては社会一般の教育に関係を持っていない人々から、教育を学校の現場で直接担当している教師達に至るまで誰からもほとんど疑念らしいもののさしはさまれたことがない。教育という現場で生徒との繁雑な接触や教科教材の山の中にともすれば埋没しそうになる教師である我々は、教育全般にわたる見通しとか各教科間の関係とか、またそれを受け取る生徒達の内面に及ぼす影響とかについて疑いを抱くことが少ない。専門化しているそれぞれの教科の教材や授業に専門外の教師が強い関心を示すことのできない学校機構というものがこの傾向を助長しているのかもしれない。各教科の独立性ということに尊敬をはらいながら実際には自分の教科以外は無視しているとも言える。

自分の教科と関連のある他教科のみならず、直接の関係を持たない教科についてまで、教育の一般問題として深い注意を向けるということは実際には、はなはだ困難な要求ではある。しかし教育の客体である生徒の人格とか精神内容とかが問題となるとき、生徒の内面的均衡が主要な教育の目標とならねばならない以上、自分の教科のみならず学校教育ということで関係するすべての教科への深い考察を怠ることは教育者として責任を回避したものと言わなければならない。学習指導要領に指示されている程度の問題意識であっては、すでに教育者としての主体性を失った単なる知識の伝達者であると呼ばれても反論の余地はない。

さて我々は国語、社会、外国語、美術、音楽、数学などそれぞれの教科を分担している。勿論いかなる教師も教科や教材なしでは長い期間にわたって教育活動を続けることは不可能である。また生徒の側からすればいろいろな教科や教材を通じて、小社会である学級内で教師から直接伝達される知識とか技術とかを受け取ることが教育であると考えている。ではこの教科とか教材とか、そのそれぞれに配当される授業時間数とかはどのようにして定められてきたのであろうか。我々が驚くことは一般常識から言って、当然あるべき根拠が意外に確実さを持っていないという点である。勿論教科教材はこの社会の歴史的伝統とか現在の社会的要請によってきめられているものだということは、我々も知っているが、それぞれの教科の持っている重要さの程度に関して一方的に社会の要請によって一方が重く一方が軽くさるべきものであるとは考えていない。例えば科学技術教育が現在の教育の急務であるからといって、理科や数学の程度や内容をより高度に豊富にすることは必然的に生徒の能力からみて他教科の時間配当を削る結果となるはずである。一方の教科に一週四時間の配当であったものが六時間になり、一方の教科が三時間であったものが二時間になっていくとすれば後者の教科は学校教育の中で軽視されたと言わざるを得なくなる(註1)。しかも各教科の時間配当がいままで客観的な理由もなくたゞ過去の様式を踏襲して決定されてきたことを思えば、教育問題に大きな発言をしている教育学という分野から具体的な教育の現場にこの点について何の指示も与えられていない事に大きな不安を抱かないわけにはいかない。国語、社会及び科学関係の教科には社会的な要請からくるいくばくかの習慣的な水準があった。しかし芸術教育に関するかぎりその程度ははなはだ不明確である。実際芸術教育に小・中・高等学校とも一体どれだけの割合で時間をさけばよいのか、全時数の三分の一か五分の一か、または八分の一か、などという点に未だかつて確たる理由が示されたことなどはなかった。この曖昧さが教育に対する社会の定見のなさを示していると言えないだろうか。勿論芸術教育というものが美術や音楽などの教科にあるばかりでなく、国語や体育など、極端に言えば科学教育の中にさえ含まれている以上、単なる時間配当の比較は無意味であると言われるかもしれないけれども、問題とすべき点は、教育の中で科学教育と芸術教育がどのような均衡を保っているか、ひいては知育の面と情操教育の面がどこで調和するか、学校教育という具体的実行の場ではどうなるのかについて真剣な考慮がはらわれていないということなのである。科学教育には一般に一つの知識体系を獲得させる知育と呼ばれる目標があり、この目標に沿って生徒の発達段階に応じて明確な範囲を定めて学習を進めることができる。しかも生徒がどの程度に理解したか、学習を通じて活用しうる知識を獲得しているかどうかが測定可能である。しかし芸術教育の分野にあっては技術の面での目標はあっても教育目標としての指針は一般的同意の得られるほど明確なものはない。しかも生徒の芸術的能力の発達段階は捉えられ難く、測定もほとんど不可能である。たゞこの芸術教育には人間の情緒性と直接結びついた陶冶の部面があるのだと常識的に考えられているにすぎない。

現代にあって、新しい進歩する社会への適応のために必要不可欠の要件は知識であり、技術である。そして知識や技術の教育に占めんとする割合は現在ますます高められる傾向にある。特に科学教育の分野での要求は飛躍的な増加を示しているから、人格陶冶を問題とする人達によって、科学教育の偏重は教育全体の均衡を失わしめるという論議が行われている（註2）。しかし科学教育の振興についての強い社会的要請に対して、人格の全面的なバランスのとれた成長などということの程度の抗弁ではとても防ぎきれるはずもない。

このように教科の比重の置き方、配当される時間数などから考えてみれば、現代の学校教育が確実性のない奇妙な習慣や、人間教育という点に充分に配慮をしないままの浅い伝統に従って現実に動いている様子を知ることができる。成長する生徒の人格や個性に対して「……は必要であるだろう」という以上に根拠を求めることのできない部分が実際の芸術教育に多いのでは、科学教育の内容がさらに充実してきた場合、他教科、特に芸術教育の学校教育の中で占める割合がより少なくなる可能性が多い。さほどの抵抗もなしに教科の内容、時間配当の変更もできうるかもしれない。

さらに科学教育と芸術教育は社会一般の常識から言えば、対蹠的な性格を持つものと考えられているにもかかわらず、生徒の精神内容、性格、個性などに対して、その影響が互いに相いれないものであるとは考えられていない。科学教育と芸術教育はそれぞれの分野の持つ創造的な側面を互いに相補的に働かせて矛盾することなく均衡のとれた人間形成に役立っているものと見られている。実際にそのような場合もなくはなかろう。小学校教育での理科と美術などは対象に興味を持つことが主要な目標となっているから、連繫を保って行った方が効果もあがるにちがいない。しかし我々は、一般的に中学校や高等学校の段階を含めて、このように単純に相補的性格があると認めてしまってよいのだろうか。もし生徒の性格や個性や対象認識の態度の中にこの二つの教育が大きなギャップを植えつけるとしたならどのようなことになるだろう。生徒達が各教科について真剣に考え真面目に学んでいる場合、かえってそのことによって学べば学ぶほど矛盾が大きくなるようなことがあるとしたら、我々は現在の教育内容に根本的な疑いの目を向けないわけにはいかないだろう。

註1　文部省『学習指導要領』(小・中学校篇)、一九五八年。
　　真船和大「自然科学の教育課題」、『現代教育学』第一〇巻、岩波書店、一九六一年。
　　理科教育の時間配当は明治時代以後ほとんど増減がない。しかし理科教員は必要教材に頭を痛めている。それゆえ時間配当増加の要求は常になされつづけている。数学科にあっても中学三年で「必修」と「選択」とに分けなければ、とても教材をこなしきれなくなっているのが現状である。

註2　ハーバート・リード『平和の為の教育』周郷博訳、岩波書店、一九五二年。
　　ハーバート・リード『芸術の草の根』増野正衛訳、岩波書店、一九五六年。

二　科学的認識と芸術的認識

対象の認識は知覚や感性によってはじめられる。感覚によって捉えられた素材は意識の上にのせられ、弁別、抽象、記号化、統合、概念化などという操作によって知識体系の中に繰り込まれていく(註1)。この操作は理性的・知性的働きである。個々の人間の一回限りの特殊な経験が普遍的な知識として一貫した体系の中に位置を占めるためには抽象化記号化の行われた後に、一般法則に帰納するための論理が必要となる。日常的な認識の場合でも、学問的な考察の上に立った認識でも原理的には全く同じ過程を通らなければならない。たゞ異なる点は日常生活上での認識に用いられる論理は、学問的な認識の場合に用いられる論理に比較して厳密には意識化されないでも済むということにすぎない。

認識の図式的構造は対象があり認識する主体があり、主体の側の五感を通じて対象から来る通信や刺戟を受けとめることによって意識が生まれ、抽象が行われて記号となり、さらに概念が作り上げられるということであろうが、時間的には全く瞬間的に行われているこの操作が複雑な様相と考慮すべき多くの側面をもつことを我々は見なければならない。

具体例として一つのコップを目で見る場合を考えよう。「コップ」という概念は伝達に使用される為の記号であり、普遍性を持つ。この概念を得るまでに我々はどのような操作をしているか。コップから来る光線は網膜の上に像を結ぶ。しかし網膜上に像が結ばれただけでは知覚されたことにはならない。網膜への刺戟が知覚中枢に及んで意識化された時、コップが知覚されたと呼ぶわけであろう。しかし意識化されたコップは未だ概念としての「コップ」ではないから、この間に抽象作用があり記号化がある。こゝで実体としての多様性を含んでいるコップは、その多様性を削り落されて、水とか他の液体とかを飲む用具としての意味を持つ「コップ」という概念になるのである。

コップは記号としての「コップ」になった。しかし認識する主体の必要に応じて他の記号を付けることもできるわけである。「コップ」は我々のなじみやすい言語記号であるけれども、生活上「コップ」である実在のコップは、数学的には「1」または数学的文字で「α」、形態から「円柱」、材質から「ガラス」、物理的に「固体」その他、極端な場合には経済的な「財」にいたるまで、言語やその他の記号による抽象表現が使いうる。

抽象による記号付けが終ればはじめて思考の対象となり、概念が組み立てられ、さらに概念相互の関係が捉えられて一つの知識体系に繰り込まれていく。この過程で統合し判断し総合された知識にまで持っていくものは論理である。我々は親、教師、そのまわりを囲む社会のあらゆる伝達機関から、語られた言葉、書かれた文章によって論理思考をたゝき込まれてきた。勿論論理学の形式としてゞはないけれども、生活に不可欠の要件として、多くの教科の中で、また日常生活の中で教えられつゞけてきている。

意識の上で抽象化された記号は組み合わされて命題となる。命題は主語述語の概念や記号の組み合わせであるから如何なる非現実的な組み合わせも可能となる。こゝで弁別や判断が行われる。記号はそれ自体連続しない単なる要素にしか過ぎない。それゆえ命題とは主体の側の思考がいくつかの記号を結びつけることによって、それに対応するいくつかの要素としての対象の関係を叙述したにすぎない。この操作は人間に許された統一された知識体系に至る唯一の方法であるから、この弁別、分解、比較、判断、統合などの操作によって作られた合理的な普遍妥当性をもつ知識は必ず検証が行われなければならない。具体的事物による検証は、方向性を持たない思惟を、ある定められた方向に進ましめる。教室の中で行われる授業の中で、いかなる教科といえどもこの抽象化と具体化、即ち帰納と検証は一時間の授業の間に教師の口から、また生徒の思考の中で何百回となく行われているはずである。我々はこの認識態度を科学的認識の態度と呼びたい。

科学的認識は複雑な過程を経るが、後に述べる芸術的認識ほど叙述に困難があるわけではなく、認識を論ずる常識的な仮説の域をでない。そして我々は生活上この常識的な仮説から決して逃れることができないわけである。それゆえ教育の場にあっても科学的認識の諸操作を的確、かつ確実に生徒に教え込む必要があり、もしこれを怠れば生徒が社会集団に不適応な一員となることは明瞭である。

では芸術的認識について考えてみよう。対象の認識は知覚とか感性とか呼ばれる働きを通りさらに知覚中枢を通って意識の上にもたらされるのが第一の段階であった。科学的認識の場合にはこゝで記号化、概念化が行われなければ認識は一歩も進むことができない。しかし我々が対象事物を認識する時、そのような方法のみが唯一の認識であったのかどうか考えてみる必要がある。事物や存在に立ち向った時、人間は彼の感性の網を最大限に拡げて待っている。たしかに日常生活にあってはあまりにその状態、環境に馴れすぎているがために簡単に記号付けが行われて一つのコップは一つの「コップ」という記号に換えられてしまっている。知覚から記号化までの操作は飛躍的になんの事なく行われてしまう。「そのコップをとってくれ」などという表現がとられて、知覚と概念操作はまるで一体化されているかのごとくである。しかしそれほど単純な事柄であるのだろうか。この過程を全く別の新しい非日常的な事象にあてはめてみよう。

我々都会に住む者が遠い山頂に立ったとしよう。汽車の中の長い時間、登頂のための苦しい長い肉体的苦痛の後で、我々は夕暮れ山頂に立った。日没がやってきて太陽が西の山々に沈みはじめる。西の空は巨大な夕焼けである。我々の夕焼けについての語彙ははなはだ貧弱であるから、我々は夕焼けに向きあったまゝ大量に投入されてくる感性的知識を意識の上に止めたまゝ、たゞ茫然として佇んでいるよりない。日常生活の中でなら「あゝ、夕焼けだ」程度で済ましていられたものが大きな感動をともなってやってきたこのときには、決してその程度の状態ではいられない。恐ろしい様な迫力でのしかゝってくる情景の中で我々は更めて、自然とそして孤独な小さな人間を感ずる。日常性の中ではほとんど自覚しない、溺れてしまっているとでも言える存在の意味をあらためて受け取りなおしていると言ってもよい。この場合の認識態度を我々はどのように考えればよいのだろうか。このとき、対象から来る刺戟は知覚中枢を通って映像として意識の上にある。しかし記号化や概念化がなされるまでには未だ相当の距離がある。ではこのときの我々の感性は我々と同じく茫然と静止の状態で映像を捉えているだけだろうか。

我々はいま感性という言葉を感覚とか知覚とかと少し異なった意味で使っている（註2）。感覚とか知覚とか比較的きびしい定義付けのある言葉よりも「感性的……」として使いうる感性という語の方がいくらか柔軟な内容を持っているかに感じられるからだ。では感性とは何か。我々はこゝで精神分析の方法を援用してみよう（註3）。意識の上に捉えられた対象は記号化、概念化によって思惟思考の素材となる。ではもし抽象が行われず思考の素材となり得なかった対象は意識の上からたゞ捨て去られるだけだろうか。我々は次の事を知っている。一度意識の上に現われた対象は完全に消失してしまうわけではなくて必ず意識下の無意識と呼ばれる層の中に繰り入れられているということである。この概念化されない経験は、忘却によって二度と使用されることがないようでありながら、長い年月の後に突然意識の上に現われてくることもある。我々は記号化や概念化の全く行われなかった我々の経験の中の何かの情景、ある感覚、ある雰囲気が全く思いがけない時に我々の意識の上に現われてきて驚くことがあるのを知っている。我々の使う感性という言葉はこの無意識の部分にまで密着し感応するものとして使用したい。

条件反応の立場からいっても意識された対象を抽象化して捉える前に一種の総合的活動が先行していて、その中で選択的・自制的に一つの対象を捉えると考えられている（註4）。この先行する総合的活動を、対象が概念化される前に能動的に働きかける感性の活動と呼んでもよいのではなかろうか。

さて、山頂の我々は夕焼けを見ている。燃えて堕ちる太陽、輝く雲、天頂に近づくにしたがって薄紫に変化してゆく深い空、これ等の貧弱な形容の何万倍かの多彩な印象は全く同時的に感性の網にかかって意識の上にある。このとき、感性は決して静止しているのではない。かえって日常より激しく動いているのではなかろうか。過去のあらゆる記憶と、意識下に作られている無意識的複合物と呼ばれるものまでをすべて動員して何かを求めている。この認識方法は生命存在が常に求めている存在に対する原始的な充実感であり、概念や思考を拒否してそれだけで充分に体験となる躍動感である。主体と対象との分離を許さない直接的な認識なのである。いかなる形ででもこの映像を抽象化しようとすれば感動をともなったこの認識過程は切断されてほとんど無意味な概念と化してしまうほどのものである。

日常の生活体験としてこのような認識がないわけではは勿論ないけれども、比較的短い時間で普通の状態に引きもどされ、比較、弁別、記号付けなどの操作が行われて安定した状態にもどってしまっている。複合された特殊な叙述しか行うことのできないこの認識を我々は芸術的認識と呼びたい。

芸術的認識には統一的な知識に至る秩序はない。詩的論理とでも呼ばねばならないような文学的表現で示しうる以外の、体系化された論理を適用することはできない。この認識には個人によって異なる多様性と捕捉し難い個性的な連想性が特徴である。と同時に、認識する主体に感動をともなった実感を与える。

科学教育と芸術教育の根底にある互いに相入れない二つの認識態度は、学校教育の中で並列的に並べられた場合どのような結果を引き起すであろうか。

註1　対象の認識を考える場合、哲学的・心理学的・生理学的と立場が異なるにつれて思考方法も相当に異なるだろう。認識を問題にする以上、このいずれの分野にも無関心であってよいわけはないけれども、我々がいま取り扱いたい問題は教育であり、それも具体的な学校教育の場で科学的教育と芸術的教育とがどのような関係にあり、教育客体である生徒の、生成する生命体内部でこの二つの教育がどのような投影をしつ、あるのか、何を作り、何を破壊しているのかを知ろうとするのであるか

ら、たとえ認識という側面から眺める時も、ある限界を越えて多くの仮説の上で論を進めることは無意味である。科学と芸術という異質な問題を教育という分野で扱う以上、これはやむを得ないことではないかと思われる。

註2　こゝで使われる感性は、カントの認識論における悟性と対立させての感性と受けとられたくない。勿論、理性というようなものも予想をしていない。常識的に「あの人は鋭敏な感性の持ち主だ」などと言われる巾広い意味で使用したい。

註3　フロイド『芸術論』高橋義孝訳、河出文庫、一九五四年。

　　フロイド『精神分析入門』上・中・下巻、高橋義孝訳、新潮文庫、一九五七年。

註4　シャルダコフ『学童心理学』柴田義松訳、明治図書、一九五七年、二七―二八頁。

三. 科学教育の目標と芸術教育の目標

科学的な認識には対象の感性的知識が記号化されることが前提となっていた。次に来るものは意識化された知識体系に至るまでの操作である。この操作とは論理に導かれて動く思惟の方法である。普遍妥当的な一般法則を見いだすため、また関数関係の記述のためというのが基本的な立場であろう。実際の方法としては記号化、帰納、演繹、検証の反復である。一見複雑な現象の内部を支配する要素と、見いだされる各要素間の関係を客観的に捉え、法則として記述し、さらに現実の対象の中で検証する。これは科学の方法であるばかりでなく、科学教育の中心目標であり、生徒の中に科学教育を通じて大量に投入される知識はこの操作によって立体的な構造にまとめあげられねばならない。生徒達をのちの社会に充分に適応させる、我々はこの点をはっきり自覚しなくては、毎日の教育を行うことはできない。

存在は多彩であり、多様性を特徴としているのであるが、その具体的多様という事実を越えて、人間の認識の如何にかゝわらず存在自体のもつ絶対性のあること、表面には見えなくとも埋没した関係法則の捉えられることを具体的に生徒に分らせなければならない。生徒の発展段階にあわせて、次第に複雑な事実に向きあわせ、対象の科学的認識の操作を体得させる。それにあわせて知識と方法とを彼等の思考体験の中に積み重ねさせる。さらに実際的な小さな社会としての家庭、学級の中で同じ操作、同じ論理で具体的行為と彼等の思考とを結びつけさせる。彼等個々人の、互いに違った全く主観的な対象の把握が、記号化や概念化されることにより、さらに帰納的思考の行われることにより、より一般的な意志疎通の場所が作りあげられるのを見て、彼等は客観的な普遍性とは何であるかを徐々に理解していくのである。

これを認識の面と生徒の発展段階とに関係づけて眺めてみれば、幼児期の時代から考えねばならない。感性的な認識は条件刺戟によって触発される。この段階は条件反応の立場から第一信号系と呼ばれているが（註1）、学校教育に児童が入ればこゝに足がかりがつけられて第二信号系である言語や思惟へと進んでいく。こゝで認識過程の発展は急速に立体構造を示す。しかし未だ第一信号系は第二信号系と密着したまゝ分離し難い状態であるだろう。即ち言語と言語による結びつきや組み合わせによっての統合された思考が未だできないとみられる。七、八歳に至ってはじめて言語は明瞭に意識されて使用が始められるが、未だ具体的事実を言語で説明するには至らないといわれている（註2）。事実の言語的説明は十歳以後となって確立され、その他の抽象記号による定式化の理解や表現は十二、三歳以後にまたねばならない（註3）。

学校教育にあっては、生徒のこのような認識の発達をきっかけとして教育機構が整えられ、教材が選ばれてくる。教師は教材を通じ、教材を媒介として生徒の認識発達に参画する。勿論生徒は教師の指導や助言なしに、自己の能力だけで教材をこなし、認識の発達をとげることはできない。こゝに教育の強力な影響を見てとらねばならない。認めると認めざるとにかゝわらず、生徒は教師の与える知識はいうに及ばず、大人の作りあげた認識の枠組みを教え渡されるわけである。さらに枠組みを作りあげる方法まで体得しなければならない。中学以上となれば厖大な知識の投入が行われる。認識の枠組みや再組織の方法も、さらに補強され厳密化されていくのは当然であるが、中学修了の時期に至ってはじめて完全に抽象された概念の論理的操作に習熟する（註4）。

この枠組みを持っている認識態度の上に数年間で与えられる知識は、莫大なものであって、その知識が確実に思考で統御される時に、生徒ははじめて実社会の一要員として準備されたといわれる。また各教科は知識投入と同時に科学的認識の枠組みに対しても常に働きかけている。国語科にあっての論理的な文章の記述と解読、社会科での地域的・歴史的な社会関連の理解、数学科の中心目標である論理性と関数概念、理科での法則性の演繹と帰納。これ等が知識の客観的普遍性を賦与する思考の骨格を作りあげる。この枠組みこそ科学教育の主要な一目標でなければならない。こゝに現代の教育目標の意識化された統一性が読みとられる。

科学教育に対比して考えられる芸術教育の目標は科学教育の目標にくらべてはなはだ不明瞭である。現在の美術教育に関して考えれば、模写の形式はすでに過去のものとなり、児童生徒の自由な発想による自由な表現が尊重される。開高健氏の「裸の王様」に登場する図画教師のタイプが次第に一般的になりつゝある。この変化の底流になっている思想的な基盤は、現代芸術一般と同じであって、フロイトやユングの精神分析からの影響を見ないわけにはいかない。常に深層心理と密着した発想の方法を、創作の場所で教師は生徒と一緒になって探してゆくのである。この現代芸術と基盤を同じくする芸術教育の考え方は、現代の芸術の持っている表現の多様性をいくらかずつ摂取しながら作りあげられているのであるから、簡単に芸術教育は人格の情緒面に働きかけるだろうなどという古い常識論は通用しなくなっている。現に小学校から高等学校まで写実性の高い美術教育を続けている所は非常に限られた学校ということになる。美術の教師が同時に実作者である場合が多いからかもしれない。安定した感情の読みとれる静的な構図、写実性の強い表現は次第に動的な激しい意欲の認められる作品に移り変ってきている。非合理的な対象の捉え方によって逆に自己の主張を表現する態度に変ってきたと言ってもよい。ではこの芸術教育の目標と認識態度との関係は、どのようになっているのだろうか。

芸術的認識は普遍妥当性を欠いた一回限りの主観的な認識である。この一回限りの感性的認識とは色彩に富み、多様な様相を示しながら訴えてくる対象を受けとめることである。しかしたとえ一回一回が異なった認識であったにしても、その一回の認識が創作に結びついた時は、具体的な体験に密着しながら生々しい感動を対象に逆に染めつけることによって対象からの距離を越え、創作物を通じて他人に伝達し、自分の体験を押し拡げようとする。また伝達を受ける側は、抽象化された概念を扱う思考の枠を一応停止の状態に置いたまゝ、無意識の層をまでしっかりふまえた感性の網を拡げて待っていなければならない。そして作品の構図とか形態とか色彩とか、もし意識してとりあげれば別個の性格をもつと考えられる諸要素を統合したまゝの形で捉えて、語りかけてくる創作者の体験した感動を即物的に受けとめねばならない。美術教育ばかりでなく、文学、音楽などにあっても本質的には大差はない。言語の表現にあって生徒の詩や作文は一見表現がつたない。しかしこれは論理的な文法に乗せて自己を巧みに表現することができないというだけであって、敢えて言えば、言語の逆説的な使用によっての表現と見うる場合もある。一般に十三、四歳までの年令にあっては、生徒達は自分の精神内容とか感性的知識の感動とか、不安とか孤独とかを概念で語る術を知らない。それゆえ彼等の持つ限られた表現手段で最も効果的な方法、即ち合理性を越えた特異な方法をとるということになる。

この芸術的認識の行われる創造の場では如何なる記号化への抽象も行われない。論理と結びついた概念の思考もない。一瞬間一瞬間が主客合一の充足感で満たされた体験があるばかりである。勿論抽象と呼ばれる操作がないわけではない。美術における線や形や色彩、詩における言葉、音楽における音、それらは確かに一種の抽象と呼べないわけはないけれども、これはまだ対象と密着したまゝのものであって、他の何らかの使用目的を持った抽象操作ではない。実在そのものを、裏側にはっきりはりつけたまゝの抽象であり、かえって抽象したがために実在をより新鮮に、より充実したものと感ぜしめるほどのものである。

この考え方の中に芸術教育の目標が暗示される。即ち芸術教育の目的とは思考によって対象を捉えさせることではなく、主体と客体が感性によって結びつけられた瞬間の充足感を体験させることである。現在や未来に対する不安を越えるために生徒は自己自身に対する重量のある存在感を必要とする。言語に転化されない実感としての意義を求める。我々は彼等の充足感や存在感に対する直観力、不安に対する洞察力をみくびることはできない。また作品に転化された鋭敏さを、たゞ子供の夢想として放置しておくわけにはいかない。芸術教育は指導原理を直接掲げて生徒を指導するわけにはいかないけれども、彼等に芸術的体験とは何か、数多くの芸術作品から何を感じとればよいかなどの示唆を与えることはできるわけである。

註1　スミルノフ『心理学』第一巻、柴田・島・牧山訳、明治図書、一九五九年、六三頁。
註2　ピアジェ『知能の心理学』第五章、波多野・滝沢訳、みすず書房、一九六〇年。
註3　シャルダコフ「関数関係の理解について」、『学童心理学』（前出）、一六六―一六九頁。現存では数学、理科にあって中学一年（十歳）であれば、数的な文字式を理解させることはさほど困難ではないが、表現として使いこなすまでにもっていくことは難かしい。一元一次方程式の未知数としての文字ならば、小学校五、六年（十、十一歳）程度でも理解は不可能ではなかろう。
註4　概念の操作としての帰納、演繹、推理の具体的なものとしては、例えば鉛筆書きの粗雑な図形の中で、その図形が円や直線の便宜的な仮説であることの確認の上で幾何学的証明をするような事柄である。理科方面では力とか質量とか実在対応のない抽象概念を捉えることができるようになる。

四　科学教育の教材内にある問題点

科学教育は生徒を科学的認識の態度と科学的合理性の獲得の方向にむけさせる。この傾向を最も強く示す教科は理科であり数学科である。理科に含まれる自然科学各分野にわたる広い教科内容は科学的な合理性を生徒に教えこむ最も重要な部分ではあるけれども、小学校にあっては抽象的な法則は未だほとんど現われてはこない。記述的な説明の段階を越えることができないわけである。中学校段階に至って初めて数式による、また文字による簡単な法則が現われてくる。この点は複雑な内容をもつ化学方程式を除いて高等学校初年級まで同じであり、そこでは高い概念操作はなされることはない。しかし生徒の理解のはなはだ困難な概念である質量とか力とかは中学校の段階で教えられている。この理科にあっての巾広いが比較的低い抽象度は、いまこゝで論じようとする芸術教育との関係という問題の上で考える時、抽象的形式科学としての数学に比較するとはるかに論じにくい。それゆえ数学教育の中で問題にしうるいくつかの点をとりあげて考えてみたい。

数学は科学の言葉と言われる。記述的分類学としての科学の分野が、より統合され一般化されるためには数学的方法を除いて統一性を保つ方法はない。それゆえ数学教育はより高い知識体系をうるための欠くべからざる分野となる。では数学教育の目標は何かと言えば、その論理性と関数概念の把握にあるといわれる（註1）。微積分導入のための極限概念も重要ではあるが、これは高校の高学年になって初めて含められる。

さて、小学校時代の数学は算数と名付けられ、低学年では事物の数量化から始められる。事物との対応関係から自然数が捉えられ、整数、分数、小数へと進められる。これと同時に図形教材として平面図形に立体図形が有機的に結びつけられながら教えられていく。中学校段階では正数負数、文字式、一次方程式、一次関数。二次方程式、二次関数、までが教えられ一応実数全部が理解されなければならない。図形の分野では平面図形、空間図形の比較的厳密な考察から平面図形の論証に入り高校二年で一応終了する。芸術教育と科学教育の関係する点をこゝでは認識の問題として捉え、生徒の空間概念の把握の様子をいくつかの立体の教材から眺めて見たい。

小学校高学年から中学校初年までに立体教材は数多いが、その目標とするところは立体図形の概念である空間概念を生徒に把握させることである。平面、曲面、立方体、直方体、球、錐、多面体、回転体などが入ってくる。さらに平面座標の概念から空間座標の概念が引きだされる。これ等を理解させる手段として展開図、投影図、透視図、対称、回転などが教えられる。論証幾何に対して、この直観幾何と呼ばれる分野の目標は、生徒の空間概念の養成であり、幾何学的空間観の把握であると言える。

小学校低学年から児童は明確なものではなくとも平面的拡がりの概念はもっている。と同時に立体観念も萌芽としては見ることができるが、立体図形と平面図形の区別になると、適当な指導の与えられない場合には高学年になっても分類に困難を感じるらしいといわれている(註2)。また彼等は空間の中で抽象的な面を自然に考えられるようになるわけではなく、立体の具体的な面としてだけ理解しはじめるわけである。一般には小学校高学年で立体が平面や曲面で作られていることを理解する。それゆえ我々は簡単な立体としての立方体や直方体の展開図まで指導することができる。しかし空間の概念は他の代数的な抽象概念に比較して理解が遅く、十五才位になってその全体像が確立されるのが実情である。空間座標理解のためには代数の二次式、三次式からの援用もあるのであって、図形指導のみから空間概念が捉えられるわけではない。

さて、具体的に立体を児童・生徒に示した時、いかなる点が彼等に理解しにくいのかはノートの上にその立体を図示させることによって我々がみつけることができる。彼等に教具の立方体を示す。彼等はノートの上に鉛筆で見取図を描く。このとき彼等は初めて、遠い面と近い面が視覚的にどうなるか、正方形はなぜ斜めから見れば台形や平行四辺形に見えるか、立体は何故紙の上に描きにくいか、などの疑問を持ちはじめる。

我々は普通立方体の見取図として第一図のようなものを描く。しかし視覚的には第二図のようでなければならない。近い手前のA面は、見えない裏側のC面と等しい大きさであってはならないし、側面Bは第一図のような平行四辺形ではなく、第二図のような台形

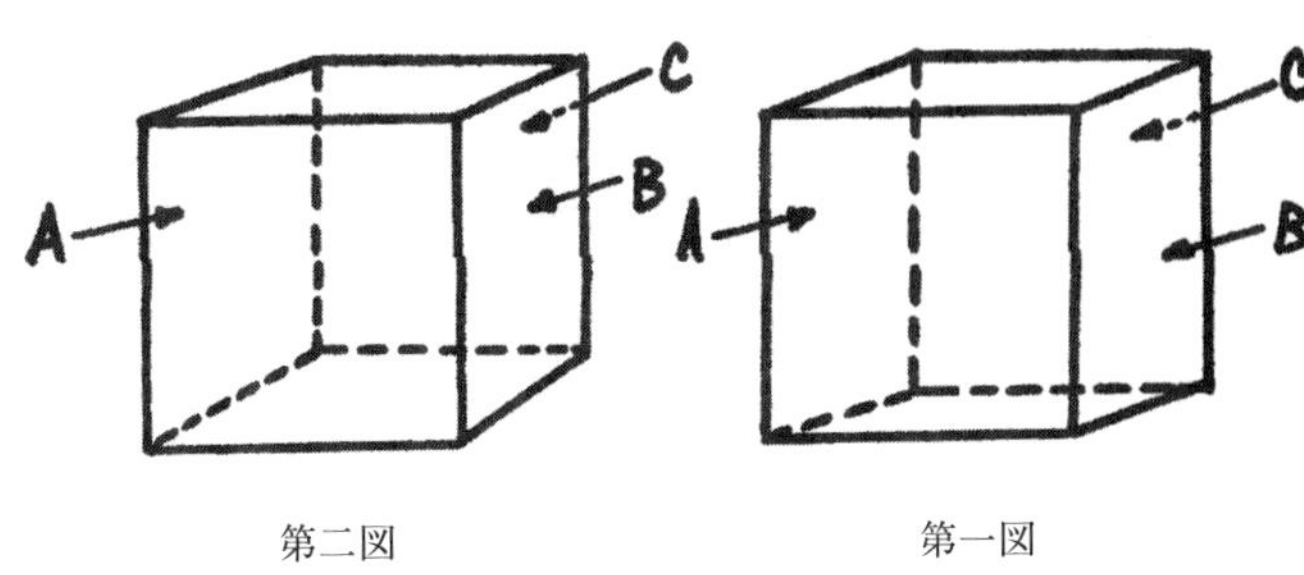

第二図　第一図

でなければならない。こゝにいくつかの問題点が潜んでいる。我々はこゝでいう遠い面、近い面と立体とをどのように結びつけて説明しているだろうか。

立体がある量をもち、空間の一部分を占めている以上、立体は数量化された長さとしての、縦だの横だの高さだのという要素をもたないわけにはいかない。平面の上に立体が第二図のように図示される時には、特に奥ゆきというものがはっきり意識され、そこに距離の概念をあてはめさせる。実際の印象に近い場合には立体感が問題となるから、近い面と遠い面との違いについて何等かの説明を与えなければならなくなる。彼等が直接立体感とは何であるかについて疑問を提出することはないけれども、少なくとも教師はこの立体をつくっている六つの面について、遠い、近い、上下左右、面と面の交線である稜、稜のなす角度、その他さまぐ〵な点から説明をしなければならない。さらに側面Bが台形に見える理由を直接には言葉で説明できなくとも、教具である立方体を動かしたり回転させたりしながら、正面からは正方形に見え、斜めからは台形としか見えないことを我々は実際的に説明するであろう。そして生徒に教具の立方体のあらゆる角度からゆっくり観察させながら、展開図としてはまことに簡単な六つの正方形が、一度立体となると視覚的にいかに複雑な変化をするものであるかを理解させようとするだろう。これらの過程から我々は生徒の作りあげる空間概念の構造をおぼろげながら推察することができる。

第二図でのA面とC面では、近いA面は大きく、遠いC面は小さくなければならない。立体感の生ずる大きな理由は、近いものと遠いものとの大小関係によって定まるから遠いと近いという事柄から考えなければならない。我々は常識的には空間概念には時間概念は含まれないと考えている。抽象的幾何学空間と呼ばれる概念には確かに時間的要素を考慮する必要はない。しかし立体感というものを我々が感ずるためには、簡単にそう言い切ることはできないのではなかろうか。遠いということは、近いということに較べて触覚が達するために、より長い時間を必要とすることを意味しているだろうから、立体感を感ずるためには、そこに我々の経験の中に含まれる時間的要素が入ってきているはずである。しかもその時間は我々の肉体的な動作と結びついた運動として捉えなければならないことになる。言葉をかえれば、立体感の中には現在のみならず、過去や未来という時間的な要素が含まれていなければならない。即ち立体感を感じとるためには、立体や空間の観察の場合に用いられる抽象的な空間概念と呼ばれるものだけでは不充分なのであって、時間的要

素も、観察者の行為までも運動ということから入っていると考えねばならない。

児童や生徒は、目の前にある具体的な立方体を観察することによって、その立体に結びついた面のこと、稜のこと、角のことは比較的容易に理解できる。しかし、平面の上に描かれたことによって固定化した立体の像に対しては多くの疑問を提出する。この場合、教師はどのようにでも説明から逃げることはできるが、やはり彼等が捉えようとする空間概念や立体感から目をはずしてしまってはならない。それゆえこの場合にも長い時間をかけて、生徒児童の理解しうる範囲で直接遠い面や近い面を手で触れさせ、立体を回転させ、さらに見取図を描かせながら、その対応する要素を理解させるべきであろう。

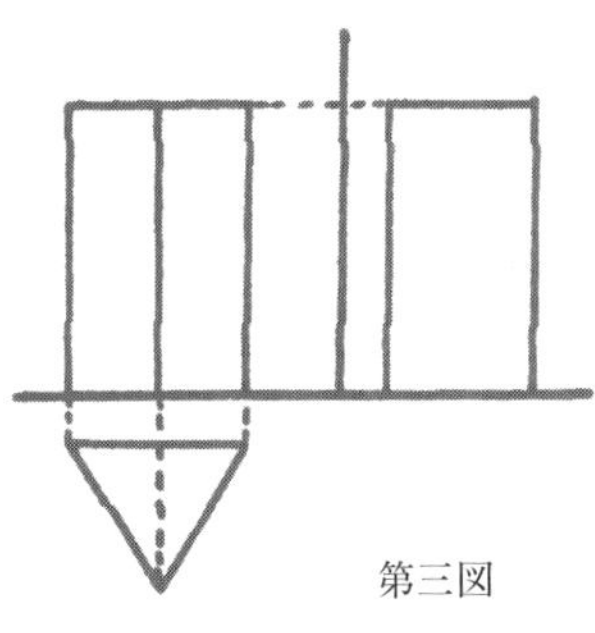

第三図

中学校二年に導入される一次関数によって代数的な関数関係が教えられる。これは同時に二次元の座標系についての考察を指導されることを意味する。三次元の座標系はこの平面の座標系の拡張として理解されていくが、そこにできあがった空間の骨組みは、いまの考え方からすれば具体的な立体に対して観察者が感ずる立体感とは大きく異なった非常に高い抽象度をもったものであるといわねばならない。そこには動的なものを一たん停止させた認識の方法、即ちゼノンのパラドックスに似た操作によって捉えられた抽象的幾何学空間があるのである。この空間概念の特徴は分離し得ざる時間を完全に排除した一種空虚な形式であるとも言えるのではなかろうか。

これと似た内容をもつ教材として投影図がある。これは現在中学三年の幾何教材に含まれているが、これもまた空間認識の科学的な立場をよく示している。立面図、平面図、さらに必要があれば側面図が使用される。第三図は平画面の上に立っている正三角柱である(この場合は必ずしも側面図は必要ではない)。この立体を捉える為、空間の三本の軸の方向から視線が向けられて図が三つ描かれている。この三つの図から正三角柱が立体として把握されるわけであるが、この場合にも、前述の立方体と同じ問題がある。しかし投影図に関しては、他の見方から考えねばならぬ、より重要な点がある。この場合には二つまたは三つの方向から、さらに必要があればその立体の切断面などを作って多角的に立体を眺める。これは立体というものを捉える必要最小限の要素である。こゝに一つの暗示がある。立体は多角的に見なければ理解できない。即ち現在我々が立って眺めている一つの視点からだけでは対象は知覚されない。即ち過去の経験によって、そのような立体のまわりのさまざまな視点から観察がされていることから、蓋然的にそれが正三角柱であると知るのである。一つの対象のまわりに想像的に視点を移すことによって、その対象を理解できるのである。「見る」ことは「観る」意味を含めなければ理解することはできない(註3)。それゆえ立体を眺めるとは、二つないし三つの場合によってはもっと多くの空間的な視点に立って「観て」いることになる。では一般の存在対象を我々が眺めている時、どのような多角的な視点から「観て」いるのだろうか。

我々が一個のリンゴを見る。このときの我々の感性は投影図から考えられるような空間的な視点からと、我々が自己自身のあらゆる過去の経験の中にあるリンゴに関する記憶の上に立った視点からと、さらに直接にリンゴと関係のないすべての経験の上に立った視点から、そのリンゴを「観て」いるといえるのではないかと思われる。それゆえ投影図法による認識方法、即ち科学的合理性の上に立った抽象的空間の認識方法は未だほんの一つの切断面であるとしかいえない。こゝに前述の芸術的認識につながる問題がある。

感性的認識は少なくとも抽象化を予想した上での認識ではなかった。感性は無意識層までを含めて能動的に対象に向っている。それゆえ、合理的ならざるさま〴〵の連想もリンゴに対して準備され使用されて何のさしつかえもない。リンゴを「見る」ことは、リンゴを「観る」ことであり、あえて誤解を恐れずに言えば、我々自身の過去のあらゆる体験をリンゴを通して「観る」ことでなければならないとも言える。それゆえこゝで投影図法の対象となった正三角柱も、人間が写真機でない以上、やはり我々の複合された無数の視点から実際には「観ら」れているはずである。科学的認識はこの人間の認識を投影図法的認識に置き換えている。ちょうど言語記号によってコップが「コップ」に置き換えられるようにである。しかも言語記号よりさらに注意しなければならないことは、「コップ」が存在としてのコップとは全く異質の文字という記号であるのに較べて、投影図法的捉え方はたとえそれが平面の上に描かれた図形であるとしても、立体である正三角柱と同じ映像というものになって我々に捉えられている点である。前述の時間的要素や運動が全く捨象されているにもかゝわらず、同じ映像的対象であるということから、具体的立体としての正三角柱とそれを写した図形との相互のすり換えが生徒の認識の中で全く困難なく行われてしまう。

投影図法的な正確さで対象が捉えられる時、生徒の認識は次第に事物と事物との関係が数量的な関係、即ち事物間の距離、角度、方向などに拘束されるようになる。一つの視野の中に置かれている多くの事物は、遠くのものは小さく、近くのものは大きく、ちょうど写真の像の様な正確な関係をもってくる。こゝで透視図が教えられる。透視図法によって生徒の眼前にある大きな視野は確かな枠の中にはめこまれる。この点についてはもう論ずる必要もないほど我々の生活に密着している事柄である。近世になってからの写実的な絵画は透視図法を鉄則としてきた。二十世紀に入って、透視図法の手法が破壊されるまで、この図法を厳しく守ることが画家の習練の第一の目標であった。絵画史上名作といわれるものの中に我々は、その典型的な例をいくらでも探すことができる（註4）。

透視図法に対する生徒の反応を見ると、他の見取図に較べて透視図がより立体的に見えるということから何の抵抗もなく受けとられている。合理的認識の具体的方法として、また基礎的な構造として彼等はこれを受けとり、それからは視覚的な問題の合理不合理の判断の基準をこゝに求める。我々はしばしば生徒同士の議論の中に、いかにこの図法が鉄則として働いているかを認めざるを得ない場合が多い。この点では透視図法のみならず、対称という教材についても言えることであって、安定か不安定かという見方に対しての発言力は透視図法同様に強いと考えられる。

こゝに生徒達の把握する空間概念の実例をいくつか掲げてみたけれども、以上の理由によりこれらの教材から生まれてくる立体の観念や空間概念が、生徒達に大きな影響力を持っているだろうということは疑う余地がない。この感じ方、この認識態度は理科を通じての科学教育の根底にも常にある。勿論この抽象的な空間概念は古典的な概念であると言われようが、実際に中学から高校の初年級までに新しい現代的な観点から作られた数学や科学が教えうるはずもない。創造的な思考力を必要とする科学の先端にまで生徒を達せしめるには、あまりにも長い時間と、厖大な知識の習得とが必要であるからである。

また一方、数学教育の中でやはり大きな目標である因果性即ち関数概念は論理性と常に結びついたまゝ、理科教育の中で単なる抽象概念としてではなく具体的対象に結びついて生かされている。事物間の目に見える関係とか、電気や力などの直接目に見えないもの、実在たることを示す関係や法則とかは、数式または文字式の形をとって表現されてくる。こゝで関数関係の問題を論ずるつもりはないが、この抽象的な表現方法が唯一つの科学の研究法であると教えられていることから、事物の抽象的関係が事物の本質であるかのような錯覚を生徒に持たせることがあるのではなかろうか。そしてまた関係性、法則によって事物が現実に人間に統御されているということから、生徒はたとえ目に見えないいかなる対象でも、抽象化によって統御しうる確信を持つに至るのではなかろうか。

註1　小倉金之助『数学教育の根本問題』イデア書院、一九二四年、一二五―一四九頁。

註2　鍋島信太郎・戸田猜『図形』算数教材研究講座、金子書房、一九五七年、七六―七七頁。

註3　越賀一雄『時空間体験の異常』異常心理学講座・第二部、みすず書房、一九五八年、一八―二九頁。

註4　透視図の説明のために多くの教科書はレオナルド・ダ・ヴィンチの《最後の晩餐》を掲げている。近代絵画で遠近法の誤りを見ることはほとんどないのは事実であるが、数学教科書の編集者が遠近法をとっていない絵画についてどのような考えを持っているか、具体例を一つあげてみよう（この教科書はこの二十年間アメリカで広く採用されているという）。

クーリー・クライン&ガンス・ワーラート共著『数学』第一巻、金関義則・森本治樹訳、平凡社、一九五七年、一五四頁。

「……画家は主に自分の目にたよって、本当らしい表現をするようにしていた。それで正しい遠近法にしたがって描かれていることもあるが、誤っている場合の方が多かった。これらの早期の作品の多くは、今日みると遠近法の欠除のために異様に不細工なものに見える。初期ビザンチンのモザイク《イエズスのイェルサレム入城》はその好例である。この状況は少しも真に迫っていない。右手の階段は、まるで各段真直に積み重なっているようであるし、イエズスはどうもロバの上に坐っているとは見えないし、人の足は地面についていないし、塔は傾いていて、建物はどれもこれも人間に比べてばかに小さい」。

大体、教科書編集者の見方は大同小異で絵画の美の本質を幾何学的な画面構成に結びつける場合が多い。対称、比例、黄金分割などが大きい関心の的となっている。そして美術論として現在通用するとも思われない「美しい釣合い」などという言葉が常に使用される。

五．生徒の内面に与えるもの

第四章で我々は生徒が獲得していく空間概念が大体どのようなものであるかを見てきた。勿論それは大人のもっている空間の概念に次第に近づいてくるものである。生徒の空間概念獲得の過程で最も重要な、留意しておかなければならない点は、感性的認識によって捉えられた対象が空間から平面に描き写されたというたゞそれだけの操作で、いかに多くの体験と対象のもつ多様性が捨てられねばならないかということである。同じ視覚的映像でありながら驚くほどの飛躍があり、芸術的認識のもつ主客同一の躍動感はほとんど捨象されてしまっている。同じ映像というものゝ間の抽象でさえこの程度であるならば、これがさらに数的・言語的抽象を受けた時、どの程度に実感の薄れていくものであるか想像に難くない。それにもかゝわらず我々が与える認識の枠組みを生徒は必ず自らも活用できる程度に強固に作りあげねばならないし、さらにその枠にあてはまる形で次々と大量の知識が投入されていかねばならない。

知識の問題を文化遺産の面から少し考えておこう。科学的な遺産と芸術的な文化遺産との特徴のある相異点は、次のような面と考えられる。芸術的遺産はいかなる時代でも、零から出発した一人の人間に向きあって一つの創作物ができ、しかもその人一代で完成されなければならない。時間、空間的に異なった場所に住む他人は、その創作物を通して必ず創作者である一人の人間を内面から捉えなければ意味がない。これに対して科学的遺産は過去の創作者を無視しても、科学のもつ技術的な側面から産出した製品を何の感激もなしに使用できる。しかもその量は日々の生活を埋め尽すほど厖大である。この点は科学的な文化遺産である知識についても似た状態がある。生徒の前に置かれた科学の基礎分野は既に一つの大きな体系となっているから、生成のときの偉大な創作者の苦心や創造性はいまや単なる常識と化し、一見形而上学的な科学の体系の中にかくれ、見失うばかりになってしまっている。中学二、三年の教室で次のような言葉がさゝやかれる。「ニュートンの時代まで、なぜこの位の法則が分らなかったんだろう」。科学の進歩の必然的な結果として生徒の習得すべき知識はますます増加するであろうから、この傾向はさらに強まると見なければならない。理想はどうであれ、現状の科学教育にあって以上の理由から知識は異様な記憶力にたよって習得されているのが実情となる。画一的な記憶力という基準により個人の能力が測定され、個人の創造性はほとんど能力として測定されることがない。理想と現実がこれほどかけ離れてしまう状態もこれまた珍しい。この記憶力偏重の気運が生徒の精神内部に異様な神経症的なギャップを生みつけるということは、常識的にも想像しうることである。しかしこゝでは認識の問題にもどって生徒の人格形成に波及する影響を考えよう。

我々は生徒に与える影響として三つの面から考えてみる。第一の面は抽象化の問題である。空間概念が観察する生徒の立体感から離れて抽象的な幾何学空間に変っていったように、感性的認識による素材的な知識は、対応する記号に置き換えられて抽象概念の思考操作の中に繰り込まれていってしまう。たとえ、第一信号系と第二信号系がいかに密着し平衡を保っているように見えたとしても、記号化されてしまったこと自体が事実認識の多様性を捨象してしまったことに変りはない。この段階で感性的認識による存在認知の喜びや主体と客体との分離されない充足した瞬間は忘れ去られたことになる。机の上のコップを「コップ」と名付けたことや、「コップ」という名を覚えたことによって、生徒は実在の多様性まで認知した錯覚に捉えられる。確かに哲学上の問題としてなら、この錯覚は概念の実在化として攻撃もなし得ようが、やっと数や言語の初歩的な獲得段階に入ったばかりの生徒に、その峻別を要求することは不可能である。中学、高校程度の生徒達同士の議論での対立はすべてこの誤用から始まると言っても過言ではない。この点からの影響は生徒に抽象化された言語や概念への過信を生みつける。彼等が経験のすべてを言語や法則で割り切ろうとすることは我々があまりにも常々経験させられる事柄である。我々は抽象化、記号化のための仮説を忘れてはなるまい。記号とは知識体系を作るための便法であり、「……のための抽象」という前提を忘れない範囲でのみ使用が可能だということである。この仮説を破れば、人は頭だけで分った淡い充足感ですべての存在を眺めるようになり、観念の城で遊ぶことになる。しかしこの点の弁別の不可能である生徒達は必然的にこの不安定な場所に追いやられてしまうのではないだろうか。

第二の面としては条件反応の立場で言われる有機的な感応系の問題である。これは動的常同型と呼ばれている（註1）。「大脳皮質系の活動は、きわめて複雑な形の行動を可能にするばかりでなく、同時に、非常に経済的に神経結合を形成し保持することを可能にする。人間は、一定の結合系をもっているときはその系の一つの要素によって系全体を再生することができる。このことは、技能や知識を固定するメカニズムをいちじるしく容易にしている」（註2）。記号化と概念思考とは別の働きというよりも、一つの連合組織として大脳皮質にさまざまな感応系を作りあげている。観察、比較、弁別、選択などをゆっくりたんねんに行うよりも、瞬間的な処理によって必要な刺戟、信号を特定の感応系に送り込んでしまう。これは前章の空間概念の場合にも当然あてはめることができる。生徒は立体に対して抽象的幾何学空間の概念の枠をかぶせるのに何の躊躇もいらない。一度確実にその操作を学べば次第に複雑な立体であろうとも見取図を描き、投影図を作りあげる。教師はこの型の反射の形成のために常に努力するのである。一般的に言って、この感応系はまことに便利な枠であって、感性的認識の始まった瞬間に特定の感応系は記号と概念を用意して処理の為の準備を行っている。この自動機構は刺戟のより早い処理のために徹底的に習熟せしめられているから、いかなる場合も感性的認識の部分で止めておかずに、刺戟や信号を常に思考素材の概念として産出する。習練の続けられるこの機構の中にどうして他の認識方法が割り込む余地があるだろうか。

第三の面として因果律即ち関数概念がある。具体例の教材としてこの問題は取りあげなかったけれども、論理の糸としてのこの概念はやはり数学教育の中で徹底して学ばしめられる。答の正解でない理由は複雑な計算のどこかにあり、必ず原因がつき止められなければならない。事物と事物の非論理的な結合は排除され、連想的な結ばれ方は許容されない。美術で言えば写実性の高い絵画に近く、抽象主義、超現実主義の絵画は顧みられないということになる。またこの概念の信奉はすべての事柄の理由を科学的根拠にのみ結びつける。事物の存在理由や人間についての合理的思惟の及ぼし得ない点まで何らかの科学的根拠で代置しようとする。人間の生、死、愛などいずれも例外ではあり得ない。しかしこれとて

十六、七歳までの生徒に弁別を強いることこそ無理なのではなかろうか。

これら三つの面いずれも生徒の精神面に決定的な刻印をきざみつけると考えられる。生命的な存在認識や自己存在の充足感との関連においてみるとき、いずれをみても生徒の内面に、たち割られた深淵を作らないものはない。

幼年期、少年期、青年前期に至るまでの激しい想像力、創作力、直覚力などは十五、六歳を境として急速に減衰する。我々がとった立場からみると事物と密着して捉えていた感性の網は、思考や概念の枠にとってかわられて、対象としての自然的存在は急速に遠のいていくかのごとくである（註3）。彼等の作品の上に現われていた奔放な発想や映像は因果律や合理性の枠の中でちまちまとまとめられ塗りあげられる。作文、詩、美術などいずれを取りあげても例外はない。そして徐々に、彼等のほとんどがもとの発想の場所を忘れ去っていくように思われてならない。この道は非可逆的な一方交通のみが許されている。生徒は強力な教育機構から、がんじがらめに一つの認識方法を強要されている。そして一方に芸術教育である。背反する認識の態度の中で、果して生徒は平衡のとれた成長をすることができるであろうか。あの年代の子供達が異様に反抗的であり懐疑的である理由の一つとしていくらかこれ等認識の問題があると考えるのは独断に過ぎるだろうか。

現代芸術における二十世紀初頭からの文学、美術、音楽に始まった合理性の破壊は超現実主義を生むことによって初めて歴史の時代を越えた芸術の共通基盤を生むに至った。これは現代と原始時代とまでが繋がったことを意味する（註4）。これはまた子供の幻想と大人の認識との通路が再び開かれる可能性を示唆している。この運動は第二次大戦によって一応終了するが、現代の芸術はすべてこの影響を考えずには成り立たない。また芸術教育にもこの考え方が、いろいろな形で現われてきている（註5）。

現代芸術は現代文明への一つの反逆であると言われる。合理性の破壊を現代の芸術家が何ゆえに叫ばなければならないかを、教育にたずさわる我々も充分に考えてみる必要があるのではなかろうか。教育者の中から反逆者が生まれず、芸術家の中から人間の回復を叫ぶ者が生まれ、その影響力がすでに教育の中に波及しているということは皮肉なこと、考えられる。おもに社会適応という面から人間を考え、社会と人間との平衡を考えるあまり、かえって人間の内面の均衡を忘れることがあったのでは、教育者はいつの時代にか非難されるに違いない。

註1　スミルノフ『心理学』（前出）、第一巻、七四―七七頁。
註2　スミルノフ『心理学』（前出）、第一巻、七七頁。
註3　北川民次『絵を描く子供達』岩波新書、一九五二年。
北川氏は最も前衛的な画家の立場に立って、自分の生徒指導の経験から青年前期に至って失われてしまう子供達の創造力を惜しみ、その回復を巾広い芸術教育の中で求めることを主張している。

註4　第一次世界大戦の終った一九二〇年代にシュールリアリズムの運動が起る。思想的には精神分析の影響が大きく作用している。表現方法としてはフォーヴやキュービズムや抽象派と異なって個々の事物は写実的であるが、事物相互間の相対的位置の合理性が破壊されていて常識的には考えられない連想により結びつけられる。それゆえ観る者は自分の立っている現実世界を崩してすべて再構成しなければならないような努力をさせ、合理性に繋がれている人間の内側から存在すべてへの懐疑の目を向けさせるだけの迫力を持っている。

註5　学校教育の中に、現代の作家達の創作物がどし〳〵取り入れられることは決してない。大人の常識にあまり抵触しない範囲で二十世紀初期の絵画や音楽が徐々に取り込まれるだけである。しかし生徒達は学校以外の数多い伝達機関から常に新しいものを摂取している。小説にしろ詩にしろ音楽にしろ美術にしろ例外はないから、彼等の疑問や知識は当然学校教育の中にはね返ってくる。例えばテレビで最近の優れた画家の作品を展示して、批評家が最も現代的な立場からの作家論をする。これを生徒が学校での美術教師の古いタイプの指導法と比較する時、彼等は決して納得することはない。現代芸術に親近感を感じている子供なら必ず強く反撥するだろう。自然に教師ははっきり対決を迫られるわけである。

＊本稿は昭和三十三年度後期の慶應義塾学事振興資金研究補助による研究の一部である。

〔『哲学』三田哲学会、四一号、一九六一年〕

教育者としての圡田冨士雄先生

圡田冨士雄先生が亡くなられました。初秋九月二十五日のことです。八十九歳でいらっしゃいました。今春、御体の御不調から療養につとめておられましたが、それも半年のことでした。

圡田先生と慶應義塾との因縁は大正十三年、大学予科生物学教室の助手の御仕事から始まったように伺っています。昭和四十八年に普通部の教壇を去られるまで、普通部教員としての御生活も四十一年の長きにわたりました。

私が圡田先生にお目にかかったのは昭和十六年、私が普通部二年生の折です。物理の準備室にマグデブルクの半球について質問に伺ったのでした。何しろ独特の風貌の持ち主でおられた先生ですから、さぞやおっかないことになるのではないかと恐る恐る参上したのでしたが、その先生の触れ方の優しくさわやかだったこと、私の中に強い印象が残りました。

思いがけず普通部に教員として奉職するようになってからは、公私ともども大変なお世話になることとなりました。先生方と開いたいろいろな研究会のこと、それ等は不思議な会合でしたが、領域の広さ、問題点の発見、すべて先生なくしては考えることができません。いま振り返ってみてそう思われます。異質な意見がぶつかり合うことを先生は大変喜ばれたのでした。しかも、あとにわだかまりの残らない論争というものがあることを私は初めて体験したのです。

土田先生の昭和三十九年から四年間の普通部長時代、私は主事を勤めましたが、先生の教員集団をまとめ、学校をまとめていかれる姿勢に私は敬服しました。何事につけても適確で、気力に溢れておられたのです。私はいま、このような雰囲気を持たれる教育者を知りません。また私は先生が植えられたものに、学校内の各所でふと気付くことがあります。深い想いとともに、ここに先生のご冥福を祈る次第です。

〔『普通部会誌』四〇号　一九九二年〕

この普通部で四十年間生きてしまった私

まかりまちがって普通部の教師になったこと

「あれっ、普通部っていうのは高等学校ではなかったんですかね」。これにはこっちがびっくりしました。時は昭和二十五年、一九五〇年秋のことです。戦後すでに五年が経っていました。こう言われたのは慶應義塾大学工学部の山口太郎教授、応用化学科の先生です。そのとき、工学部の四年だった私は、翌春の卒業をひかえて半年間あちらこちらの会社、工場、研究所などを見て回っていました。その挙句、結局前々から考えていた教師になろうと覚悟をしていたのでした。

そこで私は、工学部で就職関係の相談にいろいろ乗ってくださっておられた山口先生に、新学制にのっとって、できて間もない日吉の高等学校に教員の採用予定がないのかどうか調べていただくことをお願いしていたのでした。間もなく山口先生から呼び出しがありました。「君、採用してくれそうだよ。早速主事の長田義雄先生という方に連絡をして会いに行ってください、書類を渡しておきましたから。君は長田先生を知っていませんか」とのお話しでした。私は旧制普通部で学びましたから、お教えはいただきませんでしたが、長田先生のお顔はよく知っていました。

五年制度の旧制普通部は、戦後間もなくできた三年制の新制中学としてその名称が引きつがれ、旧制の上半分は新制の高等学校に吸収されたのです。諸君がご承知の日吉の高校になったわけです。工学部でまだそう長くお仕事をしておられたわけでもなかった山口先生は、戦後大きく形の変った塾内の中等教育の制度と組織を、さほどよくご存知ではなかったのかもしれません。その辺の細かいことをきちんとお話しておかなかった私もうかつでした。私は高校の教師を希望していたわけではありませんでした。でも、山口先生は慶應の新制高校は普通部という名前なのだろうと、てっきり思い込まれておられたのでしょう。当時、編成の変った旧制中学の多くは、その名称をほとんど新制高校に引きつがせていたからです。私は普通部出ですから、新制普通部にはどんな先生が残っておられ、どんな先生が高校に移っていかれたかなども知っていました。山口先生は新制の普通部の教頭職の長田先生のところに話を持っていってくださったのでした。

「じゃあね、高校にはまたきいてあげるから、君ね、すぐ長田先生から書類返してもらってきてくださいよ」、そう言われたのです。あとで考えてみれば、これとて相当に奇妙な話です。一体、そのとき山口先生と長田先生との間で、どんな形のどんなやりとりがあったのか、私がどんな連絡をして私自身の書類を取りに行ったのか、どうも私の記憶もどこかはっきりしていません。しかし、なにしろことがことですから、いかな呑気者の私でも大いにあわてて、その晩に世田谷の長田先生のご自宅に伺ったことははっきりしています。ご自宅はわりに分りやすく見つかったのですが、何と言っても変な話でしたから私も、おっかなびっくり少々気の重い感じがあったのです。

長田先生はきちんと座敷に坐っておられました。私も前に坐って背筋を伸ばして緊張していたわけです。「君、いまさらそんなこと言われても困るよ、先日、それで良しとなったからすぐに三田にて手続きをしてしまったので、これはもう確定なんだよ」。ここで私はまたまた、びっくりするわけです。いくらなんでも話が早すぎます。いくら私がもと普通部の生徒だったからと言って、校長先生とも会わず、試験もなし、ただ書類だけで採用してくれるなんて、いくら当時でもあまりないような話でしたから、私は呆気にとられて、言葉もでませんでした。

「慶應の教師になるなら、普通部でも高校でも、たいした違いはないよ」などと長田先生は続けて言われるのです。違いがないなんてことはないはずです。中学生は十二歳から十四歳、高校生は十五歳から十七歳、随分と違いますよね。なのになんたることでしょう、私は先生のお宅を辞去するときには、もうその気になっていたのです。私は先生に「まあ、たいした違いはないんでしょうかねえ」ぐらいのことは言ったに違いありません。一体、どういうことだったのでしょう。山口先生の思い違いから始まったこの寸劇はこれでおしまいです。しかし、ずっとあとになって、不思議な、まことに奇妙な話だなあと、私はしみじみ思うようになるのです。

ちょっと脱線をしてみましょう。この経過を二、三十年経って真面目に考えてみたことがありました。勿論、結論のでることではないのですが、まあこんな歌です。「待ちぼうけ、待ちぼうけ、ある日せっせと野良かせぎ、そこへ兎が飛んで出て、ころりころげた木の根っこ」、少々不確かですが、これでよいのでしょうか。諸君もお分りのように、この小さな歌は明るく、どこかにおかしみがあります。そのおかしみが、この歌の中のどこにあるのか、私にもどうもよくは分りませんが、何か偶然というものを待っているということにおかしみがでてくるのでしょうか。そう見てみれば、この歌は一見、確かに偶然という側から事柄にライトをあてています。しかし、ちょっと一緒に考えてみてください。この歌の中のおかしみをゆっくり掌に乗せて、あれこれゆすって見ていると、偶然を待っているというおかしみの裏に、何だか何か必然のにおいがないでもない。そこで、必然の側という裏側からライトをあてて見る。ある日とか、野良かせぎとか、兎、飛ぶ、根っこ、これらすべてに時間という軸が一本通っていて、しっかり順序通り糸でつながっている。筋書きはしっかり台本に書かれていた。見かけ、いかにも偶然という形をとっているようで、実は現れでてくるのは必然、というすごい話にならないものでもないでしょう。いま、ここに起ってくることの筋書きは、もうすでに確かにあるのかということ、台本を見ながら演出しているのは誰なのか、誰かがいるのか、などと考えてみればまだまだ面白くなっていきそうな方向ですね。北原白秋と山田耕筰による童謡です。

私の就職劇という一席のお笑いも、必然という側から見て見れば、まんざらの話にならないでもないわい、などと、いくらかこじつけ気味に納得したりしたのです。こんなことを面白がりだしたのは、もう私のこどもたちが随分大きくなってからのことで、世の中のことはそう思ったようにはいかない、自分の身のまわりでもその通り、結局、偶然の連鎖の中に現われてくる必然を待つのがよろしい、いやいや、その必然に任すのがよろしい、などとなってきました。わけのわからん変な話に諸君をひき込んだことになりましたか。

いつの頃からか、この「ころりころげて」にぶつかると、私の就職劇に想いがすぐにいくようになって、ひょっと、この歌が出てくると、あれ、また出てきた、あれあのときはなんて、繰り返し思い出すことになってきたのです。しかも偶然と必然のこんがらがりが入ってくるものだから、私が一体その兎なのか、兎がその私なのか、私が根っこの前で待ってる方なのか、さらには、いまこんなことを書いているのも偶然なのか、それとも必然が頭をもたげているのか、何だか全く良くは分らない話となってしまいました。

私はその後、当時の普通部長の佐原六郎先生にお会いすることになりました。謹厳な先生の一言は次のようなものでした。「教師は人柄ですからね。まあ、成績はともかく。四月からしっかりやってください」。それだけでした。いや、それだけしか覚えていないのです。もっとあれこれあったはずなのですが。私の、その佐原先生の言われるともかくの成績というのは、相当にひどいものであったと思います。何しろあの学生時代は戦後のすさまじいもの不足の時期でしたから、食料人手のためのアルバイトに精がでていて、ろくな成績のつきようもなかったわけで、そんな私を面接一つしないで採用してしまう。これだけはいまでも奇妙だと思っています。私はこれから一生、慶應で働くかもしれないと決まったとき、慶應というところは相当に変てこな面白いところなのかもしれないな、というある種の予感がふとありました。この予感は、まさに的中していることに、その後、気付くようになります。次は諸君と同じ年代の私の普通部時代の話です。

変なひと　宮沢賢治に出会ったこと

第二次世界大戦が始まったのが昭和十六年十二月八日ですから、そのとき私は普通部の二年生でした。その冬の一日の記憶はあまりにも鮮明です。戦争とその中で生きていた少年たちを少年たちの側から見てみますと、五十数年経ったいま現在から振り返って見ている当時のこととだいぶ違った印象がエピソードとして私の中に残されています。勿論、当時の大人たちには日々激しく動き変化していく情勢のなかで、戦場に駆り出されたり、爆撃で焼野原になったり、命からがら生きていた数年間は、それこそ痛切な思いで切り抜けておられたに違いありません。いまから見れば戦争のまっただ中の暗い時代だったのです。しかし一方、十三歳の私の眼には、大分それとは違ったけろりとした風景が映っていたようでした。

学校での私のまわりには、そんな時代ながらいきいきとした少年たちがたくさんいたのでした。ですから、普通部という学校の中は外側の大荒れの風の中でも、無風ではありませんでしたが、なかなか面白かったのです。普通部は当時、三田の、いまの中等部のある場所に建っていた木造の古びた校舎でした。一年生から五年生まで千名以上の男子ばかりの学校。グランドは綱町のグランドまで行かなければ広いところはない。校庭らしい校庭はほとんどありませんでしたから、人間の密集したけっこう緊張の糸の張りめぐらされた人間集団でありました。楽しいことばかりあるわけではないのですが、そこで少年たちは成長していったわけです。私にとってほとんど気付かず、あとになって大きな意味のあったエピソードを一つお話ししてみます。

佐々木一雄先生という若い国語の先生がおられました。あだなはコチン。この奇妙な名前は、佐々木先生がその昔、やはり普通部の先生であられたそのあだなチンチロ先生のお子さんだったので、チンチロの子供のコチンと別称されることになり、私たちの時期まで立派に継承されたことになったようでした。またここでちょっと脱線です。あだなと言えばこの頃はあまり先生方に愉快なあだながつかなくなってとても残念です。私も就任後、相当の期間、カボチャにちなんだあだながあって、みんなは笑うけれども、本人はどこか当ったところがある、などとそういやでもなかったのですが、十年位で自然消滅。もういくら私がやっきになって広めようとしても、生徒諸君の中にはもう広まっていかない。その当時の私の姿かたちにはそのあだなが、どこかそぐわなくなってしまったのでしょう。返す返すも残念なことです。いまの先生方の中で、これぞというあだなは一つもないように思いますが、誰か何人かで、とてつもないすばらしい新しいあだな群を作ってみてくれませんかね。ただし、しゃれたんでなければいまの人にはうけないでしょうが。なかなかの漫画の達人などがあちこちに散在しているこの普通部にそんなおかしみがないのは残念です。

さて、そのコチン先生、国語の授業の中でまことにユニークな文学作品朗読をなさってくださったことがありました。生徒に当てて読ませるというのではありません。先生ご自身が声を出されて読まれるのです。やや高い独特の声で、流れ方には決して人に真似のできない特別の抑揚があり淡々と読まれます。いたずら盛りの少年達もこのときは水を打ったような静けさの中で聴いている。私はその静寂感がとても好きでした。覚えているものが二つあります。森鴎外の『高瀬舟』と中勘助の『銀の匙』。高瀬舟の主人公の弟殺しの話では、私の心の奥底でチリッと何かが走りましたし、銀の匙では病気のときの薬をすくってくれた母の銀の匙の冷たさを触覚としてふっと感じたのでした。これが私の文学開眼になったことは確かだといまも思っています。佐々木先生には後年になっても何か気恥しくてお話ししたことはなかったのですが、私の文学へのはじめのドアを押し開けてくださったのは、あのコチン先生の声だったにちがいありません。

宮沢賢治の有名な十一月三日という詩に出会ったのも、その後間もなくだったようです。私は普通部一年生の終り頃、それまで小学校以来続いていた、こどもの、こども向け書きなおしもの、から一切手を引きました。大人向きの原文の文章を、分っても分らなくても乱読が始まったのでした。文語体のものまで入ってきました。

宮沢賢治の十一月三日という詩は例の「雨ニモマケズ」という片仮名書きのものです。この詩は賢治の弟さんの清六さんが兄さんの最後の手帳の中で見つけたものとかいう話です。私が出会ったそのときは、発見されてからまだ数年しか経っていないはずでした。しかし、あの詩は一躍有名になって、私の目にも触れる印刷物にもなっていたのでしょうか。これもどなたかの先生が薦めてくれていたのかもしれません。私はこの「雨ニモマケズ」を一読した印象をいまでも忘れていません。それは、すばらしい詩だな、という感じではありませんでした。私自身の感じは複雑だったようでしたが、どちらかと言えば「いやだな」という方に近かったのです。ギクリとして、その強い打撃で実は痛かったのかもしれません。そんな具合でしたから、その後ていねいに読み返してみるということはなかったように思います。「コンナモノニカカワッタラミノハメツ」とそのときどこかで直観的にすぐに分ってしまったのかもしれない、といまは思われます。そこで、厳重に箱に入れて鍵をかけて、戸棚の奥の奥に押し込んでしまった、というのが本当のところかも知れないのです。それでも、勿論、捨てるわけにもいかなかったのでしょう。

それから随分長い時間が経ちます。その間に賢治の童話などにはときにぶつかることがあり、読んでみることもあったのですが、奇妙な、どこか私にはぴんとはこない話ばかりだな、などと思っておりました。それでも妙に気にかかる人ではあったのです。しかし、とうとう私にとって宮沢賢治という人はとてつもなく大きな宿題なのだということが分る時が来ました。何とそれは三十年後でありました。

私が四十代になっていたある日、賢治の詩「稲作挿話」が目に触れました。私はアッと思ったのでした。例の十一月三日を読んだ三十年前の感じをふと思い出したからです。しかし、今度はもう目がそらせられないで、はっきり迫ってくる賢治の生きている姿に気付いたのです。「アア、シュクダイヲハタサナケレバイケナイ」と分りました。そこで私は相当な時間をかけて宮沢賢治作品を読むことになるのです。そう、二、三年かかったように思います。なかなか、うんそうだ、これだ、という感じにはなりませんでした。でも最後に「疾中」という晩期の詩作品から逆にたどって読んでいくことで、私なりの賢治観を作ることができました。この納得に至る過程は私にとってはなかなか大変な作業でしたが、その努力のおかげで良寛さんと同じように、宮沢賢治を私の大切な宝物とすることができたのです。宿題とは、教師から生徒諸君に出すばかりでなくて、案外自分自身にも出したりしていることもあるのですね。さて次の話は私が教師になってからのことです。

フルーティスト加藤恕彦君に出会ったこと

昭和二十六年の四月、私は普通部の教師として働き始めました。校舎は天現寺の幼稚舎での間借りでありました。学校全部が幼稚舎生を押しのけて、半分使わせてもらっていたのです。はじめから学級担任の仕事も持たされて、目の回るような忙しさの中で少しずつ教師とは何なのかを学んでいきました。戦後まだ六年しか経っていませんでしたから、いずこも極度の物資不足です。衣食住いずれをとってもまことに情ない状況でしたが、でも、それも少しおさまりかけて、いくらかの落着きが出てきていた時期でした。とは言っても、道は舗装なんてろくになくって泥の凸凹、ろくに車も走っていない。おんぼろ電車は何しろぎゅうぎゅう、戦災で焼け出された人々の住居などはまことにみじめなものでした。ところが一方、空も水も何しろきれいでした。空は抜けるような青空が毎日。天現寺ではいまのあのドブ川（いまはみんな下水道になってしまいますが）で魚が沢山釣れていたし、丸子の多摩川では魚釣り水浴び、なんでもできたのでしたから。何よりすばらしかったのは、世の中全体に未来に向けての明るい希望があったことです。戦争はもうない、われわれは何ものからも脅されないで、新しい人間のものらしい社会を作れば、そこでしあわせな生活ができるのだ、という深い確信です。ですから、人々の顔つきがいまとは全く違っていました。私について言えば、私は物心両面でまことに幸いな教師としての出発点に立っていたことになりましょう。勿論その頃、そんなことに私は全く気付いていませんでした。

ついこんな話になると筆が滑って脱線してしまうのですが、余計なおしゃべりを少し我慢して肝腎の音楽の話に参りましょう。私と音楽です。私がずうっと生きてきたことと音楽とのつきあい、私と音楽と一人の少年との織りなした飾り布の絵模様です。

一人の少年がいました。私がはじめて教えた普通部二年生の中にいて、私の担任のクラスではなかったのですが、私の持っていた文芸の会と物理の会とに入ってきました。大変な才人であることはすぐに分りました。労作展で、気象と文芸と音楽でどれも特賞を取ってしまう（当時、賞の上に特賞というのがありました）。しゃべらせれば才気煥発、どんな領域でも話ができる、まあ、相当にませた子と言えたのかもしれません。彼の名前は加藤恕彦君。彼の短い生涯が教員生活を始めたばかりの私と接触し交叉したことになります。

彼は当時の私が音楽に関心を持っているのを知ると、クラブ活動などのあとに教室で何回も何回もフルートを聴かせてくれました。とても十三や十四のこどものものとは思われないその音色と曲想理解に、私はとうとう降参してしまいました。そこで彼のお師匠さんである当時の高名な林リリ子先生のところに連れていってもらったのです。林先生は当時、女性フルート奏者の第一人者として活躍されていました。それから数年間、私は随分大変でした。何しろまわりの大多数はフルート専門の学生さんなどでしたから、まず才能が私とは違うわけでしたし、その練習量が全く違う。その中で何とか破門もされないでやっていくのは、しろうとの私には随分苦しいことでした。叱られ叱られ何とか数年でヘンデルやバッハのソナタなどを吹かせてもらい、自分でも面白くも思うようになりました。その大変お世話になった林リリ子先生もいまはすでにおいでになりません。

数年間、加藤君と待ち合わせては先生のお宅に伺い、また夜遅く帰り道も一緒、そば屋に寄る、ますます遅くなってあわてて加藤君のお宅に電話で私からお詫びを言う。私の年若い友人として、彼から私が学んだものは実に沢山の事であったように思われます。彼はその後、慶應の学生のまま、確か日本からのフルートではじめてのスカラーシップで、パリのコンセルバトワールに入り、有名なピエール・ランパル氏に師事します。そこで天才的と言われた才能がさらに引き出されたのでしょう。イギリスの方と結婚もし、仕事も持たれたのでしたが、ご夫婦でアルプスのモンブランに春五月に登られて、吹雪にまきこまれてお二人とも亡くなられたのでした。振り返って四十年前からの私と音楽とのつながりを考えてみますと、加藤君がその縦糸ともなり横糸ともなって私の織りものを織ってくれたことに深い感謝の念で一杯になるのです。大体、加藤君が私の前に現われなければ、私がフルートを手にするなんてことは有りえないことですから。このフルートという楽器は、その後三十年の間、私と切っても切れないものとなりました。趣味としての楽器ということでもありましたが、普通部の中で、フルートの会というクラブを作り、たくさんの諸君と一緒に吹きましたし、また十五年ほどの間、三年生の選択教科で毎年二十人位の人の初歩の手ほどきをしました。それ等の人たちの中にはいまでもフルートを手にする方々も数多くおられるのですから、それも加藤君と私との出会いがなければ、一切あるはずもないのです。さまざまな運命の先端の触れ合いの不思議さを、ここでも思わないわけにはいきません。

〔参照：加藤恕彦『アルプス山嶺に消ゆ——母へ送る若き天才フルーティストの手紙』音楽之友社、一九九三年。〕

坐・瞑想で生徒諸君と一緒に坐ること

教員のなりたてだった私に四十年の歳月が流れました。誰でもそうでしょうが、数限りのないエピソードが私のまわりでも生まれ、展開してそして消えていきました。人は物語りを確実に一つ生きて、そして終っていくわけですが、その数限りのないそれ等のエピソードの群も、私の中から離れそして次第に色褪せていきます。

一昨年の夏、私は大きな病気をしました。その病気の予後もまあまあで、一応回復して普通に仕事をしていますが、その病気を契機として思いがけないことを仕事の一つとすることになりました。フルートを選択教科で教えることが、体の具合いでできなくなったこともあって、新しい選択教科として、坐・瞑想、という不思議な課目を提案して先生方を驚かせ、でも認めていただいて平成三年度と平成四年度の二年間だけ教えてみることになったのです。坐・瞑想という講座名は生徒が考えてつけてくれました。私ではこんなうまい名前はつけられなかったと思っているのですが、四、五人の生徒諸君の作った三十ほどのアイディアの中にこれがありました。土曜日の三、四時限、二時限つづきの一時間四十分で、日吉の大学仏教青年会館の坐禅堂を使います。

坐禅の形を使った瞑想の指導です。まず、生徒諸君がこんな奇妙な課目を選択してくれるものかどうか、私はとても心配でした。どこか多寡をくくったところが私にはあって、それでもまあ三人や四人は変人がいるだろうと思って、蓋をあけてみたら十七名もやって来たのです。坐れば足は痛いは、頭の中はぐるぐるするはで、始めて二、三ヶ月の夏頃はだいぶげんなりしていたようですが、秋頃からだいぶ本気になってきて、大入り満員の十畳二間が見事な静寂感に包まれるようになってきました。坐禅という形の瞑想は、日本人にはとてもなじみやすいやり方だと思いますが、何しろ、ろくに坐ったこともない少年たちが、足を組んで全く動かない三十分を二回もやれること自体、私にはとても不思議でした。しかし、彼等はちゃんとやってのけたのです。瞑想のあとで、粥座というお粥を食べる食事に作法も含めて二十分ほど使いますが、慣れるとけっこう面白がって食べてくれました。

平成四年の三年生の希望者はあまりに多いので、削りに削って昨年と同じの十七名にしてもらいました。スペース上はもう一人も入れられない数だったからです。この人たちも秋からぐっと良くなって来ました。秋深まった頃、どこかのお寺を自分で探して住職さんにお願いして、そのお寺の方丈で三十分を四回坐る、という宿題を出してみました。全員、見事にその体験をしてきて、レポートにまとめてくれました。私は十五歳の少年が本当にどうしてこれほどの静寂感を体で体験して、それなりの言葉で申し述べられるのか怪訝な思いが強いのですが、生徒たちは大人でもなかなか気付かない瞑想の中での深い部分にぽんと飛んで入っていけるもののようです。

入口のドアから入ってきます。二時限までは学校での普通の授業ですから、十分間歩いて街中を通ってやってきても、そう気持ちが落ち着いているはずもありませんが、もうこの一月あたりではシンとしたまま、誰も口をきかないで二階にあがり、照顧脚下の貼り紙の下で靴をそろえ、黙って脱ぎ換えをして合掌礼拝、そして自分の坐るべき布団にきちんと坐るのです。全員が坐ってしばらくすると版木が鋭く叩かれて、呼吸体操があって瞑想が始まります。鳴りものの音の種類は七種ほどありましょうか。姿勢が直されたり、警策という棒で背中を打たれます。この棒で打つのも打ち手から受け手への、体から体への無言のはげましであるのです。この一月になってから生徒諸君の姿勢は、まず文句がありません。呼吸を深くする、体をきちんと調える、呼吸と体とのかねあいを呼吸法で統御する、次第に静まってくる自分の心と外界の雰囲気や外の音をアンテナ全開で受けとめる、自分は世界の中心だと信じる。こんなことを私から言われ続けて、少年たちはそれが体で分ってしまうらしいのですから、ちょっと考えられない驚きです。終ると般若心経などが唱えられて、粥座となります。

部長の斎藤公一先生が、この頃何かとチベットの鉦（カネ）を持ち出されてチーンと鳴らされるのを諸君はよくご存知です。体育館でもどこでも、どんなに小さな音でも遠くの遠くまできちんと届いて、そして静かに消えていくのです。鈴ではああはいきません。しかもあの音にはビブラートがかかっていないのがすばらしいと私は感じています。先生は「音が消えていくところを聴いてください」と言われました。チーンの音が消えていくところに心の集中点が置かれれば、音は全体に拡がっていきますから、一点への集中ではなくって全点への集中となります。全点集中は非常に高度な精神活動ですので、八百人近くの人があの静けさの中で聴けるということに私は感動もしました。私がこの頃、どんな音楽らしいものも聴くことがなくなってしまったのは、このような音の消失点に強い関心を持つようになってしまったからかと思わなくもありません。

屋上の夕暮れのこと

春夏秋冬、普通部校舎の周辺はさまざまな変化に富んでいます。大学の丘と反対の日吉の丘のこちら側も、また丘の上ですから、四方に視界がひろがります。大体、この校舎は、戦災で三田の普通部校舎が焼けたあと、五年間の幼稚舎での同居中、想を改められて日吉に学校を移すことを私たちの上の先輩諸氏が決断されて、そしてこの地に建ったのでした。昭和二十六年秋に三年生だけが天現寺から移転。翌二十七年三月、下の学生も全部移転。いまの教室棟だけでしたが、そこで普通部生だけの学校らしい学校が始まりました。とは言っても、体育館もなければ何もない。ただ教室が十五、六並んでいるだけ。学校全体が集まる所はないから、雨でなければ始業式でもなんでも屋上でやるのです。

雨が降れば勿論やれませんし、風が吹けば、いくら大きな声で話がされても声が飛んでいってしまってさっぱり何だか分らない。面白いこと、変なことがいっぱいありました。日吉駅から普通部まで舗装がないから雨の日は長靴でないと大変。いまの普通部通りには、店屋などほとんど何もありません。豆腐屋がラッパを鳴らして教室の前を通って行ったり、カマボコ型の米軍兵舎の残りが校庭の北西の場所に建ったままで、そこにまだ住みついていた人がいたり。屋上からの景色はまず農村風景と思えばまちがいありません。まわりの丘はすべて林か畠で新しい住宅などどろくになし。空はどこまでも青く、夜の星空はすばらしかったのです。いまは全く様子が違いますね。ご覧の通りで、夜、星を見ようとしても数えるほどしか見えませんし、日吉の丘はすべて住宅で一杯です。でもしかし、私は四十年前と少しも変らない一つの景観をとっても大切にしているのです。それは普通部の屋上からの西の落日です。

冬の北風がびゅうびゅうと吹く日、屋上から南アルプスの白い山頂がかすかに見える時があります。昔はもっともっと多かったのですが、この頃は一冬にほんの数回でしょうか。人はなかなか本気にしません。諸君もそんなことがあるとは思われないかもしれませんが、本当なのです。是非一度眺められるといいですね。北風が強くて、一切のほこりが吹き払われた時に限られますから注意していれば分ります。さて、夕陽です。

落日のすばらしく美しい所は世界中にあれこれあると言われています。マニラ湾、サハラ砂漠、アルプスとかヒマラヤとか、それぞれきっと飛び抜けてみごとなものに違いありません。日本でもそう言われる所はあちこちにありますね。私は、きっとそれ等の場所はそれぞれすばらしいのだろうけれど、普通部の屋上からのそれも決して遜色ないものではないかと思っているのです。しかも何しろ、そんな名所が階段をとっとっとっと駆けあがれば、もうそこにあるんですからこれはなかなかのことで、ちょっとこたえられない幸運ではありませんか。長年の間のせいか、私もすっかり夕焼け中毒になってしまいました。

季節は冬場、大体北風の強い時です。

普通部屋上の落日の凄さは、普通部が日吉にあることも大きな要因でしょう。日吉から見て富士山と丹沢山塊との重なり具合はまことによろしい。三浦半島とか湘南海岸とかでは、どうも富士山が南に寄り過ぎ、丹沢との位置がずれてしまって、つまりません。行って見るとそれが良く分ります。また東京では今度は丹沢が南に寄り過ぎて、これまたちょっと私には文句があります。普通部屋上はその点、丹沢が富士山の適度な前景で、しかも丹沢の一番南の峰の大山もしっかりくっきり見えます。そこに夕日が堕ちるのです。私が立っているのは台地の上にある普通部のそのまたてっぺん。

諸君、普通部の地面の海抜はご存知ないでしょう。元普通部の理科の先生でありました森本友次先生から伺ったところでは、普通部の玄関のところで三十三・七米ですから、綱島の平坦な所からでは随分の高さで、さらに普通部の建物が十三米、これだけ高さがあると丹沢と富士がぐっとせり上がって見えることになるわけです。

ある冬の午後、今日の夕暮れがどの程度のすばらしさであるのかは、午後の四時頃にははっきり分ります。西の空に雲がなくって、関東一円の空気のよごれがないことも勿論のことですが、それだけではないらしく、同じような空気の澄んでいる日でも夕焼けの赤の色の深さはいろいろ違うようなのです。でも、今日はいいぞという日があるのです。あれこれの天候、天気、気象の具合、それらがそれなりにうまく調和して、何しろ今日は凄そうだ、となると大げさですが、私はどこかかすかに胸騒ぎがしてくるのです。クライマックスは大きな冬の日輪が丹沢の山稜に触れるときから始まります。日輪の直径だけ沈むと様子が一変してしまうのですから、極く短い時間です。轟音の中でみるみる金色の輪は減っていって、ついに小さな小さな光の一点となって、そしてすっと消えてしまいます。富士と丹沢のシルエットは真赤な西の空の中に黒々と浮きだします。ややしばらくすると、西の空は大きな大きな紅の壁になる。またしばらくすると天頂は次第に暗く黒ずんでいって、ふとかすかに西の少し高い角度のところに星が一つ光りだすのです。宵の明星が現われてきたわけです。

このパノラマは、やっぱり自分で、今日は凄そうだ、ということに気付いてそっと計画を立てて、自分一人でまさにその時刻に屋上に立たなければ、身震いのするほどの感動は来ないように私は思います。普通部のまわりの四季の移り変わりも面白い貴重なものですけれども、この落日には、はるかに及びつかないように思われるのです。

［『普通部会誌』四一号　二〇〇三年］

我が友よ

我が友よ——慶應義塾普通部百年記念歌 〔一九九八年〕

作詞 香山芳久・作曲 小林亜星

時には強い 風の日に
オオーイって呼ぼう 我が友よ
胸張りぐぐんと 駆けながら
凜りと響け この空に
風来よさらに 強かれと

時には欅　ふり仰ぎ
すっくと立とう　我が友よ
胸張り素足　汗はらい
輝く日吉　この丘に
遙か地平の　明日をみて

時には腕　組み合わせ
共に歌おう　我が友よ
胸張り高く　声挙げて
掌にある宝　父譲り
僕らの遠きあつき夢

-我が友よ-
慶應義塾普通部百年の歌
Moderato
明るく元気よく
♩= 115
作詩 香山 芳久
作曲 小林 亜星
D.S.
rit

「我が友よ」。この歌には、普通部生だった頃の私の思いと、この母校で教師として四十年生きた私の思いとがあります。この歌のなかに、是非入れてみたかった字に、風と欅がありました。

まず風。冬、屋上で、雪に光る富士とその雲を見て北風に吹かれている。春、夕暮れ、赤く焼けた空に黒い富士。風は体の中を吹き抜けていく。孤高というものを知るために、富士に臨む。友だちはいらない。一人立つ普通部生をどれほど見たことか。この学舎をここに置いたのは、先輩教員諸氏の卓見。

風には洋の東西を問わず、いのち、いぶき、聖なるもの、の意があります。

校庭の欅のすべては、日吉移転の折、植えられたもの。樹齢八十歳かしら。春夏秋冬、ズズーンと立っているという感じ。

同窓小林亜星君の、きりりとした曲、私の想いにぴったり。うれしいことです。

時　それぞれに　疾く過ぎ行く
普通部に生きた友よ　幸あれかし

［手稿　一九九八年］

香山芳久　略歴

香山芳久／普通部屋上にて　1956 年　山本健二 所蔵

一九二八（昭和三）年三月三一日　東京生まれ　父一良・母昭子
一九四二（昭和一七）年　東京都北区滝野川小学校卒業
一九四二（昭和一七）年　慶應義塾普通部入学
一九五一（昭和二六）年　慶應義塾大学工学部応用化学科卒
慶應義塾普通部教諭　詩の会・フルートの会・数学研究会・聖書研究会を順次開設。学会は、三田哲学会・日本数学教育学会・教育哲学会・日本行動療法学会ほかに所属。
一九六四（昭和三九）年　慶應義塾普通部主事
一九六七（昭和四二）年　日本カウンセリング協会理事
一九七六（昭和五一）年　慶應義塾普通部部長
一九七八（昭和五三）年　白根開善学校設立財団理事長
一九八一（昭和五六）年　慶應義塾大学学生相談室カウンセラー
カトリック禅仏教研究団体「神冥会」代表幹事
カトリック・菊名教会にて受洗
一九九三（平成五）年　慶應義塾普通部　定年退職
カリタス女子短期大学学長補佐
一九九八（平成一〇）年　カリタス女子短期大学学長
二〇〇二（平成一四）年　カリタス女子短期大学学長　退職
慶應義塾普通部百年記念式典
二〇一九（令和元）年九月一〇日　帰天

あとがき

二〇一九年初秋、香山芳久は天上に旅立ちました。多くの生徒の皆さまと触れあい、それはそのまま大きな卒業生の環になりました。慶應義塾普通部教員としての四十年、その後の二十五年余りの間に、学校内外の皆さまに支えられ、病を体験したとはいえ、恵まれた生涯を過ごしました。心より御礼申しあげる次第でございます。

普通部退職を前に「聖書研究会」生徒の参加する禅寺訪問が行われました。香山による普通部自由選択授業と同じ内容とのこと。私も参加しました。美しい晩秋の御殿場の碧空。こうした集いの同行など初めてです。けれどもこの日は、教員家人の私の長い人生において、最も幸せな素晴らしい一日でした。

初心者の坐禅、各自持参の昼食、しずかで楽しい会話のやりとり——その片隅に身をおいて私は感じました。中学生と香山芳久は、生徒と先生でも、また気安い部会仲間でもない、と。いまここに坐すのは、端然と気持ちを分かちあう「友たち」なのです。明るい方丈にて、ふと気付いたことです。幸せな瞬間でした。

香山没後に、遺稿集小冊を出版させていただきたく著者晩年にご交誼いただいた一九五八年・五九年卒業の五名の方々に編集のご担当をお願いしました。多大なご尽力に深謝いたします。来年二〇二三年に普通部は創立一二五年を迎えられるとのこと。普通部生とともに、あらゆる国の子どもたちが中学生となり、幸せな日々を過ごされるように祈ります。普通部部長森上和哲先生、普通部資料室清野早苗様には貴重なご協力を賜りました。教友社阿部川直樹氏に、あわせて謝意を表します。

（香山和子記）

すっくと立とう　我が友よ

発行日………2022年12月10日　初版

編　者………香山芳久著述集　編集委員会
発行者………阿部川直樹
発行所………有限会社 教友社
275-0017 千葉県習志野市藤崎6－15－14
TEL 047（403）4818　FAX 047（403）4819
URL http://www.kyoyusha.com
印刷所………モリモト印刷株式会社

ISBN978-4-907991-89-0　C3037